小学生趣味情商课

彩虹糖童书馆◎编

航空工业出版社
北京

内容提要

本书结合孩子在学校或生活中典型的案例，为孩子提供科学的方法和贴心的指导，以培养孩子的社会情商综合能力，让孩子拥有健康的人际关系，清除成长中的烦恼，解决家长的核心焦虑。让孩子轻松地融入集体，远离社恐，拥抱积极的人生！

图书在版编目（CIP）数据

小学生趣味情商课 / 彩虹糖童书馆编. -- 北京 ：航空工业出版社，2024.1

ISBN 978-7-5165-3604-9

Ⅰ. ①小… Ⅱ. ①彩… Ⅲ. ①小学生－心理健康－健康教育 Ⅳ. ①G444

中国国家版本馆 CIP 数据核字（2023）第 255852 号

小学生趣味情商课

Xiaoxuesheng Quwei Qingshangke

航空工业出版社出版发行

（北京市朝阳区京顺路 5 号曙光大厦 C 座四层　100028）

发行部电话：010-85672688　010-85672689

唐山楠萍印务有限公司印刷　　全国各地新华书店经售

2024 年 1 月第 1 版　　2024 年 1 月第 1 次印刷

开本：710×1000　1/16　　字数：103 千字

印张：9.5　　定价：49.80 元

前 言

小朋友们，你们是不是常常会有这样的困惑：

——明明自己出于一片好心，想要提醒朋友做事有失妥当，可是朋友不仅毫不领情，反而责怪自己多管闲事。此时的你，会不会觉得自己很委屈？

——你看到妈妈心情不好，心里想要让妈妈开心一些，可是却又因为一些小事让妈妈更加伤心。此时的你，会不会觉得心里很愧疚？

……

类似的困惑有很多，这些困惑其实反映的都是我们在情商方面有待提高。

那么何谓情商？

情商就是能够认识和感知别人的情绪，并能通过厘清和引导他人情绪而获得他人信任与合作的能力。除此之外，情商还表现在人们对自身情绪的认识和调节。

本书着眼于小学生常见的情绪问题，致力于帮助小朋友科学地认识自我、理解和接纳自己及他人的情绪，从而帮助小朋友提高自己的情商。

本书在体例上设计了四种空间："情绪讨论间"是以孩子的口吻用集体对话形式说出自己的困惑；"阳光聊天室"中又通过"情绪表达者（不同的孩子）"和"阳光博士说"两个版块分别提出问题和提出解决方案；"小情绪出口"是站在孩子自身的立场提出孩子想到的解决问题的方式，这可以达到引导孩子们自己想出解决方法的目的；"聊点儿心理吧"，精挑细选了一些心理学知识，为孩子们更好地认识情绪、提高情商提供了科学的理论基础。

希望本书作者精心的设计和科学有趣的内容，可以帮助小学生们更好地处理自己在人际交往中遇到的问题，成为对自我认知程度高、情绪感知和调节能力强的情商小达人！

认识一下吧

董小朵

细心，敏感，善于思考，擅长总结问题，善沟通。

田可乐

乐观开朗，是大家的开心果，但有时有些粗心，意识不到自己说的话会引起别人的不适，对别人的情绪感知也比较迟钝。

阳光博士

学校的心理学导师。

周多多

胆小怯懦，不敢表达，有事情喜欢闷在心里，非常敏感，过度在意别人的看法。

任小锐

有点儿任性，脾气来得快，去得也快；不善思考和总结，所以经常认识不到坏情绪的根源，同样的情景再次发生时，依然控制不住情绪。

目录

第1章
自我激励课
相信自己我能行

第2章
理解他人课
他好像不太开心

第1章

自我激励课

相信自己我能行

积极的一天，从大方得体的仪态开始

情绪讨论间

任小锐→早上好啊，多多！

嗯……早上好。←周多多

任小锐→哎，我说，你怎么爱搭不理的，我又没惹着你。

嘿嘿，早上起得太急，没洗脸。←周多多

田可乐→没事，多多，就好像谁洗脸了似的，我也没洗脸！

哦，我知道了，这就是所谓的“没脸见人吧”？哈哈哈……←任小锐

田可乐→你还别说，真有点儿，早上不洗脸不刷牙，说话时总觉得怪怪的，我得去捯饬捯饬。

董小朵：如果仪容不够得体，确实会影响我们一天的状态的，说话也会不自信，总会觉得别人在看着我们。

周多多：对对对……我就是怕你们笑话我，所以才不主动打招呼的，我只是内向不是冷漠，嘿嘿。

任小锐：你要这么说我就明白了，有时候我穿的衣服脏了，就总觉得不舒服，一天都不太敢跟别人交流，姐今天原谅你了，明天记得洗脸！

董小朵：哈哈，以后见到锐姐记得打招呼呀！

阳光聊天室

周多多情绪说

阳光博士，我早上经常会起床比较晚。因此，我就没有时间洗脸刷牙。我发现只要我没有洗脸刷牙，这一天的状态就会不好，总觉得别人在看着我。要是有人跟我说话，我就更不舒服了，恨不得找个地缝钻进去。甚至还会影响学习状态，上课时不敢主动回答问题，如果碰巧被老师提问，就连自己擅长的学科都只是草草地回答几句。

阳光博士说

不得体的仪容确实会对学习和生活的积极性产生影响。

首先不得体的仪容会影响自信心：不自信会让人在学习生活中缺乏积极

性。自信心是成功的基础，一个缺乏自信心的人往往容易失去对学习的激情和动力，导致学习效果不佳。

其次，影响他人评价和互动：仪容整洁和得体的着装能够给他人留下良好的印象，有利于建立良好的人际关系。相反，不得体的仪容仪表可能会引起他人的负面评价和偏见，导致在学习和社交中受到冷落或排斥，降低个人的积极性和参与度。

最后，影响集中注意力：外在形象的不得体会分散学生的注意力，使人难以专注于学习任务。

因此，对于学生来说，维持得体的外在形象是十分重要的。通过注重仪容仪表的培养，可以提升自信心，获得他人的尊重和支持，提高学习生活的积极性和参与度。

针对你提出的问题，阳光博士建议：

Step 1 早起早睡，养成良好习惯

早睡早起，我们应该提前做好规划，知道早起这段时间需要做哪些事情，并设定每天固定时间的闹钟，从而形成生物钟，真正养成早起的好习惯。

Step 2 注意个人卫生，养成卫生习惯

时刻注意个人卫生，定期洗澡、剪发、修剪指甲等都是保持良好个人卫生的基本要求，同时勤洗手也是养成讲卫生习惯的关键。

Step 3 选择适合的着装

在选择着装时，首先应该考虑该着装是否符合当下的场合，尺码是否合适等因素。不要过于注重着装的光鲜亮丽或者是如何吸引眼球。

小情绪出口

我的仪态小贴士

嗨！大家好，我是董小朵。今天我要和大家分享一下我的仪态小贴士。

全方位刷牙：你以为刷牙只是用牙刷将牙齿清理干净吗？不！刷牙是一次全面的口腔清洁，我们首先要含一口水将口腔内大的残留物随着水一同吐出去，接着在牙刷上挤黄豆粒大小的牙膏，先将牙齿的表面全面地刷洗干净，再用牙刷将舌苔刷洗一遍，最后多次漱口将口中的牙膏残留清理干净，这样刷牙才能真正起到清洁口腔的作用。

洗脸：洗脸也是个技术活呢！洗脸时要把脖子、耳朵等部位都洗到，如果只是洗脸，就会出现“卫生死角”，尤其是脖子容易出汗，如果不及时清洗容易藏匿污垢，影响仪容。

整理头发：发型影响着我们仪态的美观，不管是男生还是女生，干净整洁的头发都是仪态的加分项，相反如果头发藏污纳垢或不整齐都会让人觉得很邋遢。

最后出门前要再次检查仪容仪态是否得体，纽扣位置是否正确、衣物是否干净、鞋袜色调是否统一等，这样能量满满的一天就开始啦！

聊点儿心理吧

首因效应

首因效应是一种心理学现象，指的是在人们对他人印象形成的过程中，第一次获得的信息会对最终印象产生较大的影响。

根据首因效应，人们往往会根据最早接触到的信息来形成对他人的评价，而忽视后续获得的信息或给予较小的权重。相应地，一个人感觉自己的外表整洁时，会感到更加自信、积极和愉快，从而有助于提升整体状态。相反，如果仪容不整洁，可能会引发焦虑和不满意等负面情绪，从而影响整个情绪状态和表现。

就像文中的周多多，他觉得自己没有洗脸刷牙，因此怕遭到同学的笑话而不愿意与人交流，这进一步加深了自己自卑的心理，如果没有田可乐“打圆场”，可能还会让同学以为自己很高冷，从而影响自己的人际关系。而这一切都是因为周多多没有注重仪容，使自己状态不好，从而影响了同学们对自己的准确判断。

所以小朋友们，为了我们拥有更好的状态，积极的一天就从大方得体的仪态开始吧！

我怎么什么事情都做不好

情绪讨论间

周多多：我爸爸让我给奶奶送饭，还一直嘱咐我千万不要洒，结果刚下楼我就摔了一跤，汤全洒了，我的腿还磕破了。真是郁闷，我怎么这么笨，连这点儿小事都做不好。

田可乐：至少你人好心又善，不像我，年纪轻轻什么本事都没有，双下巴倒是有两层。

董小朵：田可乐，你又在耍什么宝，我迟早要被你笑出眼角纹。不过，你说得确实有一些道理。多多，你平时做事一直都很稳当，我们大家都很信赖你，这一次可能是你太紧张了。

周多多→的确有点儿紧张，不知为什么，爸爸嘱咐得越多，我反而越紧张。

哈哈，感觉你爸爸让你送的是个炸弹。送个饭而已，不必那么紧张吧？←任小锐

阳光聊天室

周多多情绪说

阳光博士，我平时总是很容易紧张，老是担心说错话、做错事，可是往往越是紧张，就越容易出错。有时，在做一件事之前，我会一直默念“不要紧张，不要紧张”，可我发现这样做根本就没有用。就拿今天给奶奶送饭来说，这类事其实我之前经常做。比如，爸爸值班时，我给爸爸送过很多次饭；在学校，我是英语课代表，每天都要帮老师收发作业本和练习册；我还帮奶奶买过很多次东西。可是今天爸爸给奶奶炖了汤，又叮嘱我拿好别洒，我心里很怕洒，结果摔了一跤，全洒了。唉，我真是太没用了。

阳光博士说

就像你自己说的一样，平时你也会做很多事情，但是都做得不错，而且无论在家长、老师还是同学眼中，你都是一个认真负责、踏实稳重的孩子，也正因为如此，他们才会放心把事情交给你做。只不过这一次，你和爸爸都

太担心汤被洒了，所以心情才会格外紧张，这就导致你只把注意力放到汤上，而忘了认真看脚下的台阶，最终导致汤被洒了出来。

所以，你并不是没有能力把事情做好，只不过是你太紧张了，才导致事情没有做好。你不必自责，和你一样容易紧张的人有很多，而这样的事情在生活中也是数不胜数。造成这种现象最根本的原因还在于人们过于关注结果，而在做事的过程中反而没有足够专心。

“面对这种问题该怎么办呢？”周多多说，“我也不想这样，可是很多时候就是忍不住紧张。”如果你也有和周多多一样的困惑，那就看看下面的做法吧。

Step 1 接受并欢迎你的紧张感

首先要接受自己的紧张感。要知道紧张是正常的，所有的人都会紧张，只不过有些人能控制这种紧张感，把紧张感变成一种督促自己更加进步的动力，而有的人则会被紧张感所控制，被紧张感搞得束手无策。

当知道紧张很正常之后，我们就不要特意去压制紧张感，而是通过以下一些小方法来适应它，心情就会逐渐平复下来。

- 浅吸气、长吐气；
- 放慢说话的速度；
- 活动身体，让肌肉得到适度放松；

- 放松面部肌肉，尽可能地保持笑容；
- 张开嘴大声地发出“哈——哈——哈——”的声音。

Step 2 问自己“接下来我需要干什么”

紧张感容易让人们不知所措，为了避免胡乱行动导致的错误，我们可以多问自己几句“接下来我需要干什么”。这样的提问可以让我们逐渐冷静下来进行思考，而专注的思考一方面可以消除紧张感，另一方面也可以让我们对接下来的行动目标更加清晰和明确。

Step 3 放下对结果的焦虑，专注于眼前的事

在做一件事之前，我们先不要太焦虑事情的成败，尤其不要用一些具有消极暗示性质的语言来消耗自己的能量。而应该把自己的注意力放到当下，弄清楚如何才能把具体的事情一件一件地做到位。

消极内耗的语言

万一失败怎么办？
千万不要弄错了！
我觉得我一定会出错！
我好害怕把事情搞砸……

积极理智的语言

我现在要把课本上的重点再记一遍。
我先完成这一步，需要用到的东西有……
这件事我会，可以用上次的方法去做……

小情绪出口

××年××月××日 星期一 多云转小雨

今天我又办砸了一件重要的事，心情变得很糟糕。我知道爸爸给奶奶炖汤花了很长的时间，因为我全白费了。虽然爸爸说他知道我不是故意的，并没有责备我，但我心里依然很不舒服。不过，听了阳光博士的话以后，我认真思考了很久，觉得阳光博士的话很有道理。如果我在做事的过程中一直保持专心，不过于注重结果，那的确会减少紧张情绪，事情的结果反而会更好。

聊点儿心理吧

瓦伦达效应

瓦伦达是美国的一位著名的高空走钢丝表演者。他一生当中曾经有过无数次精彩的高空走钢丝节目，曾给无数人人留下了深刻印象。别人都认为他已经视钢丝为平地，根本不会出现一点儿差错。可是，他却在一次非常重要的走钢丝表演时不幸从高空坠落，当场身亡。

后来，他的妻子在回忆起这次表演经过时说："在这次表演之前，瓦伦达表现得十分反常——以前他总是专心做好各项准备，想的是如何一步步顺利走完钢索，至于其他事情，瓦伦达根本就不会考虑；而这一次，瓦伦达却十分看重成败，他在表演之前一直强调：千万不要失败！我觉得他就是太看重表演结果了，所以在走钢丝的过程中情绪不够稳定，最后导致了失败。”

后来心理学家们把这种患得患失最终导致结果失败的现象称为“瓦伦达效应”。

瓦伦达效应提醒我们：如果你真的想要做好一件事情，那你最好专心致志地为这件事做好各项准备。只关注事情本身，而不要过分关注事情的结果。

如果你平时感觉自己什么事情都做不好，那你不妨先好好想一想，自己是不是太注重结果了。人的精力是有限的，当把太多的专注力放到事情的结果上时，那么我们就会减少在做事情过程中的注意力，这样反而会让事情变得糟糕。

大胆发言，大声说话，提升存在感

情绪讨论间

周多多→可乐，你能帮我看这道题怎么做吗？

什么？我没听清，你再大声点儿。←田可乐

周多多→这道题我不会呀，你能给我讲讲吗？

你说话能不能大点儿声呀，跟蚊子一样！←田可乐

任小锐→有没有可能是你聋呀，田可乐！

你自己来听听。←田可乐

董小朵→多多平时说话声音确实很小，可能跟性格有关吧。你们就别打趣他了。

是呀，我就这么大的声音……←周多多

阳光聊天室

周多多情绪说

阳光博士，同学们都说我说话声音小，有些时候一句话要重复很多次同学们才能听得见。我本来就不喜欢说话，现在更不想说话了。而且就算我说了，在同学们中还是没有人在乎我。我觉得自己就像一个空气人一样，任凭我怎么在同学们中表现，还是没有存在感。

阳光博士说

多多，我很理解你现在的处境，曾经我也有过这样的困扰。但不爱说话或者说话声音小，有时候确实会给你带来很多不便。

另外，我们越是不敢讲话、越是说话声音小就越容易被人忽视，别人可能听不见我们说话，也可能听不清，所以选择敷衍，这就会让我们没有存在感。所以，这种情况我们应该用合适的方法去解决，找到适合自己的语言逻辑。大声地说出来可以增加我们的自信心，让我们更好地表达自己的想法，也会提升我们的存在感。

针对你提出的问题，阳光博士建议：

Step 1 把课文大声地朗读出来

上语文课朗读课文时，一定要大声朗读。一方面可以提高我们沟通的信心，让我们说话声音更清晰；另一方面可以把我们的想法清晰地表达出来。

大声朗读有什么好处呢？一起来看看。

提高语言表达能力：通过大声朗读课文，可以加强口语表达能力，同时也有助于增强自信心。

改善理解能力：通过大声朗读课文，可以更好地理解和诠释文字的含义。

提高演讲和表达能力：通过大声朗读课文，可以帮助学生更好地掌握语言表达的技巧，提高演讲能力和自信心。

Step 2 沟通先从熟悉的人开始练习

我们可以通过与朋友、亲人辩论的方式锻炼自己的反应能力，渐渐地可以跟同学通过辩论训练自己的语言逻辑思维，从而达到说话不紧张、有条理的目的。

Step 3 积极参与语言类比赛

多参加语言类的比赛，不管比赛多小，都能锻炼当众讲话的能力，注意在比赛之前要做好充分准备。

小情绪出口

多多写给自己的歌

见不得人多，总不想多说。
奈何我们需要得到大家的认可，
我们需要表达自己的心河。
想法要勇敢地表达，
话要大声说出来。
让他们看见不一样的自我！

不说不是错，你害怕什么？
但是我们需要成长需要更多快乐。
别人只不过想多了解我，
了解才能无话不说。
大胆表达才有成就感，
与人交流一定会得到快乐！

聊点儿心理吧

安泰效应

安泰效应是指人们一旦脱离相应条件就会失去某种能力，也就是说人们总喜欢在自己的舒适圈内是无法提升自己能力的。在现实生活中，突破自己的舒适圈并不容易，可能需要承受一定的代价，但是当我们敢于迈出第一步，就已经在扩大自己的舒适圈了。

文中的周多多就是因为缺乏自信，因此与人交流困难，而且说话的声音不够洪亮，以至于让人听不清、不理解自己的意图，最终让自己缺失存在感。如果周多多始终生活在自己的舒适圈内，永远不敢表达，那么可能会给自己带来更多的不便。相反，如果周多多

意识到自己的问题，调整心态，多与其他人交流，并且在交流中找到乐趣，那么就可以打破自己的舒适圈，从而改善人际关系，增强自信心。

假如我们遇到这种情况，我们要做的不仅是发现问题，还要敢于面对问题、解决问题，不要因为一时的挫败就放弃解决问题，要知道人无完人，接受不完美的自己，才能自信地表达自己。

获取快乐也是一种能力

情绪讨论间

周多多→表姐约我一起打羽毛球，每次一起玩她都说我太笨了，总是不断地挖苦我。我心里很难受，有时候也觉得都怪自己太笨了，可有时候又觉得表姐说话太难听，我不想和她一起玩。

田可乐←羽毛球需要多练习，你多打几次就好了。不过，哪有姐姐总是挖苦弟弟的，你表姐这样也不对。

任小锐→要是我姐姐总这样说我，我早就不和她一起玩了。

周多多：其实我也不想和她一起玩，可是又不好意思拒绝她，怕她又说我小气。

董小朵：一起玩是为了大家都高兴，如果在这个过程中觉得不快乐，你可以直接拒绝她。

任小锐：对，我举双手赞成，因为我最不喜欢别人PUA我了。

阳光聊天室

周多多情绪说

我表姐运动能力很强，无论是球类，还是跳高、跳远、跑步，她都很有天赋。我很佩服她的运动能力，可是她总是拿自己的优点去挖苦我、嘲笑我，不是说我笨，就是嫌我慢，她这样说让我心里很不舒服。我的运动能力确实不太强，被她说得多了，在这方面我就更加不自信了。后来，我甚至觉得自己是不是天生就笨，干什么都不如别人。这种想法让我非常不快乐，甚至有点儿自卑，我不想每天被这种情绪包围，我想变得快乐一点儿。

阳光博士说

你是一个善于思考的好孩子，从来不会冲动地发泄情绪，而是懂得分析和整理自己的情绪，这一点是很多人都做不到的。你明白自己陷入了不快乐的情绪当中，希望自己变得快乐一点儿，这是一种非常积极的想法，而且你要相信，以你的聪慧，一定可以找到获取快乐的方法。

有人也许会说，生活中总有一些不快乐的事发生，我们如何才能让自己变得快乐呢？其实获取快乐也是一种能力。掌握了这种能力以后，我们自然就可以变得越来越快乐了。如何获取这种能力呢？试试下面的方法吧。

Step 1 心胸开阔，不要把烦恼的事总放在心上

生活中的确会发生一些不快乐的事，但是生活中也有许多快乐的事。我们要放开自己的心胸，把那些烦恼的、伤心的事抛到一边，避免过度在意这些给自己带来消极情绪的事，去做一些自己想做的事、让自己高兴的事。总之，就是要放开心胸，把生活调到自己喜欢的频道，按照自己喜欢的方式去生活和学习，不要为难自己。

Step 2 积极乐观，凡事总往好处想

当在生活中遇到一些困难或阻碍时，我们千万不要一味地悲观沮丧，要积极乐观去面对，相信世上没有过不去的坎。如果遇到的问题让自己觉得压力太大，我们还可以向周围的同学、朋友或家人、老师求助，要相信事情的走向是好的。

Step 3 内心坚定，经常肯定自己

有时候，生活中会有一些人不断地否定我们，有时却是人们自己

否定自己，常常不自觉地对自己进行PUA。对此，我们要保持自己内心的坚定，要经常肯定自己，比如，我们可以经常练习肯定自己的说法。

否定自己的说法	肯定自己的说法
我真笨，这么简单的事都不会。	每个人都有自己擅长和不擅长的事，我可以多尝试几次。
我不敢说，我怕被拒绝。	我想要，我会努力争取。
别人的赞美只是客套而已，我根本没有那么好。	我值得被赞美，付出的努力得到了别人的肯定，我很开心。
她那么好，怎么可能会和我做朋友呢？	她很好，我也不差，我们的友情对彼此来说都很重要。

小情绪出口

写给自己的信

周多多：

你好！

我想对你说：你一点儿都不笨，你只是缺少一些练习，而且在你擅长的领域，比如，画画、做手工、写作等方面，你做得非常棒。你不要拿自己不擅长的事去和别人擅长的事比较，也不要总是怀疑和否定自己。如果别人说的话、做的事让你觉得不开心，你可以当面告诉对方；如果对方仍一意孤行，不考虑你的感受，那你可以远离对方。你那么善良、考虑问题那么周到，有很多人都想成为你的朋友。

聊点儿心理吧

皮格马利翁效应

皮格马利翁雕刻了一座美丽的女子雕像。他像爱自己的妻子一样爱着这座雕像，并每天向神祈祷雕像中的女子能成为自己的妻子。最后终于感动了爱神，神让雕像有了生命，并真的成了他的妻子。

当对某件事怀有强烈期望时，我们就会朝着这个目标坚定地努

力，那我们期望的事就会真的发生。这就是皮格马利翁效应告诉我们的道理。

在与人交往时，这种效应同样存在，如果我们相信自己能表达好自己的情绪、与别人实现良好的沟通和交往，那我们只要朝着这个方向努力就一定会做到。相反，如果我们遇到困难就退缩，总是消极地否定自己，总是沉溺于烦恼的情绪当中，那我们就无法成为自身情绪的主人，无法收获快乐。

获取快乐是一种能力，获取这种能力不仅要靠积极的心态，也要靠坚定的意志。我们要始终相信自己具有这样的能力，并一直朝着这方面努力，这样我们就可以掌握它、拥有它、享受它。

希望所有人都能被快乐围绕！

第 2 章

理解他人课

他好像不太开心

可以帮助别人，但别试图改变别人

情绪讨论间

任小锐→小朵，快来帮我看看这道题怎么做呀！

这道题太简单了！你上课肯定没认真听，现在又来问别人，这不是多此一举吗？←董小朵

任小锐→这不是一不小心没听懂嘛！

好吧，姐姐就勉为其难教教你吧，下次上课可要认真听讲呦！←董小朵

田可乐→小朵，人家就问你个题，你这把人家一顿教育，以后谁还敢问你题呀，反正我是不敢喽！

不认真听讲固然是有错，但是谁上课都有走神←周多多

的时候，谁都有心情不好的时候，谁都有特殊的时候，你就能保证自己每道题都能听懂吗？

田可乐：是呀，如果我问问题，被人教育一顿，肯定心里不好受，下次就不敢再请教了。

任小锐：没事，我下次好好听讲就是了。

田可乐：我们可以帮助别人，但是如果在帮助别人时觉得自己高人一等，可能会给别人带来很大的伤害。

阳光聊天室

董小朵情绪说

阳光博士，今天任小锐问我问题，我忍不住说她上课不认真听讲，可是被同学们说我什么“高人一等”，我感觉好委屈。我明明是在帮助别人，为什么别人非但不领情，反而还觉得我错了，难道帮助别人也有错吗？

阳光博士说

小朵，我十分理解你现在的心情。我们帮助别人没有错，合适的方法帮助别人不仅别人会有所收获，我们自己也会体验到成就感和快乐。

但是，当试图改变或者教育别人时，我们就会让对方有不被尊重的感觉。

每个人都有自己的价值观和生活方式，试图改变别人可能会扭曲他们的价值观，使他们追随自己并不认同的信念。当然也有人可能不会认同你给的建议，但不管怎样，这都影响了你们之间的交流。

我相信你特别希望通过自己的能力帮助别人解决问题，帮助别人成长，不过帮助别人一定要采用正确的方法，否则可能会适得其反。

针对你提出的问题，阳光博士建议：

Step 1 提供支持和启发

授人以鱼不如授人以渔，我们提供理论支持、解题思路、引导，效果会比简单粗暴地告诉他答案要好很多。

Step 2 倾听和理解

别人向我们求助并不是需要物质上的支持，可能只是想寻求一个倾诉的对象。换言之，如果我们不加倾听，很容易误解求助人的意图，导致答非所问。

Step 3 建立信任和良好的关系

帮助别人本身是建立信任的最好时机，如果我们决定帮助别人，那么就应该无条件地帮助，只有这样别人才会感受到我们的尊重。

小情绪出口

写给任小说的信

亲爱的任小说：

我希望你能接受我的道歉。

我在昨天讲题时对你的态度不够友好，不该批评你。如果我的行为让你感到生气和受到打击，对此我感到非常抱歉。

我应该更理解你的处境，作为一名学生，有时候难免会分心或者无法专心听讲，我错在没有给你足够的理解和支持。从现在开始，我会改变我的态度和行为，更加耐心地给予你支持和鼓励，而不是以批评的方式对待你。我希望我们可以继续保持我们的友谊。

再次对我的不当行为表示诚挚的歉意。希望你能够原谅我。

真诚的董小朵

××年××月××日

聊点儿心理吧

损失厌恶效应

“损失厌恶效应”指的是人们对于失去某物的痛苦感受远远大于他们从获得同样物品所获得的愉悦感受。这一概念首次由心理学家丹尼尔·卡尼曼和阿莫斯·特沃斯基在“前景理论”中提出。

文中董小朵帮任小锐讲题，她认为自己帮了任小锐的忙，可是被帮助的任小锐并不会因为受到一次帮助就把两个人的关系上升到可以被随意“说教”的程度。因此面对董小朵的说教任小锐才会觉得不舒服。

而且根据损失厌恶效应我们知道：人们对于失去某物的痛苦感受远远大于他们获得同样物品所获得的愉悦感受。也就是说，当我们帮助别人时，对方感激我们，我们会十分开心；如果对方对自己有所抱怨，我们就会二十分的难过。

因为，我们帮助别人时，内心会比对方更重视这个事情，我们认为自己付出了，对方就应该“欠”我们的。但是我们应该明白，在对方心里，你付出的再多也不能以此“打压”“说教”别人。因此我们要注意自己的行为和言辞，无论何时都应该给与他人足够的尊重，以免伤害到对方。

在不了解别人时，不轻易对其下结论

情绪讨论间

任小锐：听说新来的语文老师非常严厉，大家都小心一点儿吧。

周多多：我觉得语文老师很亲切呀。昨天我有问题不会时去问她，她很耐心地讲给我听。

田可乐：哈哈，任小锐你也有害怕的时候，我还以为你天不怕地不怕呢。

任小锐：我当然会害怕了。我可不想成为被新老师一枪打中的出头之鸟。

董小朵：新来的语文老师以前教过我姐姐，我姐和同学们都说她特别亲切。

周多多→看来你之前听到的评价并不准确，是不是你的信息渠道有问题？

我记得好像是走在路上的时候听哪个同学说的，具体是谁我也不记得了。←任小锐

董小朵→怪不得孔子说“道听而途说，德之弃也”。

阳光聊天室

任小锐情绪说

前段时间可把我紧张坏了，我知道自己上课时有很多小毛病，平时老师就经常提醒我，如果换了一个特别严厉的老师，那不得时常“敲打”我呀。所以，当听到其他同学说起这个消息时，我真是吓坏了。而且神奇的是，当第一眼看到新来的语文老师时，我似乎就看到她朝我狠狠地瞪了一眼，于是我就更加觉得这个老师如传说中那般“不好惹”，吓得我有些问题没听懂都不敢去问了，道听途说可真是不可信呀。

阳光博士说

很多人可能都有过类似的经历：只听他人的一面之词，便在心里给别人下了某种结论，于是在与人交往时便常常被这种结论左右。实际上，要想真

正地了解一个人，就不要只听信别人的说法，而要认真地去看、去听、去沟通、去思考。具体做法如下：

Step 1 多看别人的行为，去判断对方品性

我们不要通过别人的嘴去了解别人。当听到别人评价一个人时，我们先不要轻易相信，更不要以此为根据就去评论一个人，先去看看这个人的行为，如这个人遇到问题如何处理、与他人的相处方式如何等等。通过自己亲眼看到事实去判断，要远远胜于通过别人的嘴去判断。

Step 2 多听别人如何说话，去了解对方心理

一个人的说话方式往往反映了其内在心理，我们要想真正地了解一个人，可以多听这个人平时怎么说话。如果我们之前对其有误会，或彼此之间有其他问题需要沟通，最好直接找对方进行沟通，而不要通过别人。为什么这样说呢？大家应该都知道一种叫作“传话筒”的

游戏，就是几个人一个接一个地传递一个信息，每次传递信息都会错一些，最后传来传去信息完全被改变了。

在实际生活中，一方面别人传递信息很容易造成信息流失或错误；另一方面，别人在传递信息时往往会带有自己的主观性，这样会影响我们的判断，进而会影响我们与对方之间的关系。所以，与其听人传消息，还不如自己去沟通，这样得来的信息才更直接、更准确。

小情绪出口

写给语文老师的信

尊敬的刘老师：

我想向你道歉，之前我在不了解您的情况下，只听了别人的只言片语便做出了您过于严厉、不够亲切的论断，而且还将这一偏听偏信得来的论断散播到同学们当中。我的这种行为对您的个人形象造成了不太好的影响，也给同学们造成了一定程度的恐慌。不过，幸好您通过自身的人格魅力迅速扭转了这些不良影响。虽然如此，我还是要为自己的行为向您道歉，希望刘老师能原谅我。

祝老师永远快乐！

您的学生：任小锐

××年××月××日

聊点儿心理吧

晕轮效应

晕轮效应也叫“成见效应”，是指在人与人交往的过程中，人们很容易被他人表现出的某一方面的特征所影响，会认为这一方面的特征就是这个人的所有特征，即形成以偏概全的主观印象。

美国一位教授曾经对两个班级的学生做了如下实验：

教授请来一位研究生分别给两个班级的学生上课。在上课之前，教授向 A 班的学生这样介绍这位研究生：他热情、勤奋、努力、果断、务实；在向 B 班的学生介绍这位研究生时，教授用了另外一些词汇来描述：他冷漠、勤奋、努力、果断、务实——除了将“热情”换成“冷漠”，其他介绍都没有变。

这位研究生使用了同样的方式分别给两个班级的学生去上课，可是等下了课以后教授发现，A 班的学生对研究生十分热情，他们都表示研究生确实如教授所说的那样，十分热情，非常好相处；可是 B 班的学生却对研究生非常客气疏远，他们说研究生虽然讲课很好，但为人有些冷漠，他们不敢轻易接近。

同样的人去给同样的学生去讲同样的课，但是学生们的感受却截然不同，其原因就在于教授之前使用了一对意思截然相反的词。这个实验表明，人们对于他人的印象很容易受到别人的影响。

这个心理学效应也告诉我们，在与人交往时，最好不要只凭别人的一面之词或他人的一种行为表现就轻易对其下结论，一定要认真观察、全面分析。

越想说服别人，越不要和对方争辩

情绪讨论间

田可乐→我看中了一双篮球鞋，想让妈妈买给我。我就告诉妈妈，“今年过年不要给我买书包和玩具了，那些我都不喜欢，还是送我一双篮球鞋吧”。结果我妈听了就说我太挑剔，还说以后什么都不想给我买了。

你说你妈妈以前给你买的东西你都不喜欢，这样妈妈当然会不高兴的。←周多多

任小锐→你说球鞋是什么样子的？发给我看一下，如果我喜欢的话，不知道我妈妈会不会给我买。

田可乐→能不能先帮我解决问题呀，任小锐请不要转移话题。

你的问题可能就在于你说话的方式让妈妈觉得不开心。如果你不要上来就否定妈妈以前给你买的东西，妈妈多半会答应的。←董小朵

阳光聊天室

田可乐情绪说

我妈妈说话不算话，她答应过我，过年的时候可以让我选一件礼物。我说了想要球鞋，她却又嫌我挑剔，说不给我买了。明明是说好的事，她怎么说不买就不买了，我能不伤心吗？再说了，我说她之前买的书包和玩具我不喜欢，那也是真话呀，每年都买书包和玩具，其实我一点儿都不想要。难道说真话也不对吗？唉，当家长的总说他们自己活得很辛苦，可是我觉得当孩子的，其实活得也很辛苦呢！

阳光博士说

无论是家长，还是小朋友，在生活中都会遇到不开心的事，有些事情我

们没有能力加以改变，但有些事情我们则可以通过巧妙的方法去化腐朽为神奇，比如像田可乐遇到的这种事就不难解决。

在生活中，人们其实经常会遇到类似的事情，因为人们总是难免要去说服别人。但是，你千万不要以为否定别人或与他人争辩就可以成功说服别人，恰恰相反，当你一上来就否定别人或与他人争辩时，别人就会立刻像刺猬一样竖起身上的尖刺去反对你，这是一种普遍的心理。如果被反对和否定的人是你，相信你也是一样的反应。

那么怎样才能成功说服别人呢？看看下面的做法吧：

Step 1 不争辩是非，先表示赞赏对方的态度

美国著名的政治家老本杰明·富兰克林曾经说过："如果你争辩、发怒、驳斥，虽然有时会带给你胜利，但这只是短暂的胜利，因为你将再也得不到对方的善意。"没有人喜欢被别人否定和反驳。当否定和反驳别人后，你马上就会收获别人对你的敌意，他们甚至会认为你的否定和反驳就是对他们的挑衅。

在实际生活中，我们经常会遇到一些与我们意义相反、观念不一致的人，这时我们最好不要轻易去和别人争辩是非，而是先从态度上表示出自己对他人的赞赏。

否定或反驳的方式与赞赏的方式究竟哪种更容易让人接受呢？让我们对比一下吧。

别人说的话	否定或反驳的说话方式	赞赏的说话方式
我得到这份奖励很不容易。	难道只有你不容易吗？大家都不容易。	你的确付出了很多努力。
今天作业可真多。	你说得不对，前天比今天的作业还要多。	作业是够多的，不过你写作业一向很快。
昨天的篮球比赛很精彩。	精彩什么呀，我最讨厌XX队了。	你最喜欢的XX球队表现确实不错。

Step 2 求同存异，找到与对方意见一致的地方

与人相处，大家的意见不可能时时保持一致，同样也不可能大家所有的意见都是相反的。所以，当彼此意见不一时，我们与其与他人发生争执，不如学着从其他角度出发去寻找彼此的共同点。不信的话，我们可以看看这两种方式哪种更受人欢迎。

争执型语言	求同型语言
你这么做不对，怪不得老是做不好事！	你这样做应该是想让它看上去更漂亮，我也觉得它在外形上应该更美观一些。
我觉得你说得不对，我认为……	你说的话有一定的道理，我也想……
你说的那个书包白送我也不要，因为……	那个书包确实不错，是个大品牌，而且……
你的想法太偏激，我不认同。	你前几天提出的那个方案很有意思，我最喜欢的一点是……

小情绪出口

写给妈妈的信

最亲爱的母亲大人：

今天您批评了我，我觉得您批评得对。因为我说不喜欢您之前精心挑选的书包和玩具，这句话确实伤了您的心，为此我向您表示深切的忏悔，希望母亲大人能早点儿原谅我。

其实每年看到妈妈精心为我挑选礼物，我心里都很开心。我知道妈妈非常爱我，因此总是希望给我最好的。

为了弥补我的错误，我决定今年过年我什么礼物都不要了。我想买球鞋的话，就把平时的零花钱攒起来。而且，我还想在下个月妈妈过生日的时候，给妈妈送上一份我亲手做的小礼物——我向同学认真学了很久才学会的，希望妈妈到时候会喜欢。

爱您的儿子：可乐

××年××月××日

聊点儿心理吧

欧弗斯托原则

欧弗斯托原则是英国心理学家E·S·欧弗斯托提出来的。这一法则是指想要成功地说服一个人，那么就要想办法从一开始就不让他（她）反对和反感。你想要说服别人时，如果一上来就直接否定对方，那只能让对方出现抵抗情绪，你的目的最终将无法达成。巧妙地暗示，妥善地进行表达，才能让自己的目标顺利实现。

生活中有一些人常常习惯性地否定他人，不管别人说什么，都要先说上一句“你说得不对”，以为这么说可以引起别人对自己的关注和重视，别人会对他接下来的话感到好奇，甚至会因此而说服对方。而事实却常常与此相反，习惯性地否定他人，只会让别人对你心生反感，根本就没有兴趣听你接下来的话，在这样的前提下，又怎么可能成功地说服对方呢?

再有道理的话，也要“包装”好了再出口

情绪讨论间

任小锐→你们看我伶牙俐齿，是那种不会说话的人吗？气死我了，居然有人嫌我不会好好说话！

田可乐←你这是怎么了，还伶牙俐齿呢，我看你都有点儿语无伦次了。

任小锐→这次的冬令营我真是乘兴而去、败兴而归。宿舍里有些人搞小团体，她们竟然孤立我，嫌我说话不好听。难道我是百灵鸟吗，还要说话好听？

周多多→她们说的不是说话声音，应该是说话方式吧？

说实话，如果不是非常了解你的人，有时你的说话方式确实别人挺难接受的。←董小朵

阳光聊天室

任小锐情绪说

我感觉我可能不适合住集体宿舍，因为这次我在冬令营住过一次，宿舍里的人都不太好相处。比如，宿舍里有人睡觉不关门，我觉得太吵，我告诉她“去把门关上”，结果她像没听到一样。有人打公用电话时说个没完没了，我跟她说：“赶快挂了，我有急事给家里打。”她居然回答说 ：“你以为就你有急事？”后来，她们几个人一起出去吃饭或打球时，居然都不叫上我。这难道不是典型的搞小团体吗？我问她们为什么，她们居然说我脾气不好、太过强势、不好相处！哼！到底是谁不好相处啊！

阳光博士说

住宿舍过集体生活，这确实很考验每一位同学的适应能力，这种适应能

力包括良好的生活习惯和生活自理能力，也包括与他人相互包容和相处的能力。其实宿舍生活只是人际交往的一种缩影，随着年龄越来越大，我们与周围人的交往也越来越频繁。即使不住在一起，我们也会面临越来越多的社会交往问题。与人交往，如何运用好语言进行良好的沟通，了解这一点至为重要。

与任何人交往，语言都是最重要的沟通工具。人们常说的“好好说话”指的就是这种语言沟通能力。无论是亲密的家人和朋友，还是其他人，大家彼此的友好关系大多数时候都要靠得体的语言来维系。那么怎样才能让自己的话更中听、更易于让别人接受呢？我们需注意以下几点。

Step 1 少用命令语气，多用商量语气

命令的语气常常给人一种高高在上的感觉，会让人感觉受控制、被压抑甚至被轻视、被指使，这种感觉很容易引起人们的反感。可是，如果换一种委婉的、商量的语气来说话，即使是同样的意思，但别人就会觉得更理解、更容易接受。两种说话方式的对比如下。

命令语气说话	商量语气说话
快把门关上！	我在门口睡觉很冷，麻烦你把门关上好不好？
赶快挂了电话，我有急事要用！	不好意思，我有急事，几句话就说完了，你能不能先挂了电话，等我打完你再打？

Step 2 少用反问句，多用陈述句

反问句常常会给人一种指责和反驳的印象，让人觉得不耐烦，甚至还包含着对说话对象的攻击和鄙视，想象一下，如果有人用下面这些方式对你说话，你会有怎样的感受呢？

- 以前我都说了多少次了，你难道都没听到？
- 这么简单的道理你都不懂？
- 自己的事情难道总要让人提醒你吗？

是不是听了以后感觉心情很不好，内心会受到很强烈的冲击，觉得对方一直在指责自己：你很笨！你犯的错太多！你什么事都做不好！你总是不自觉做事！

如果用语气平缓的陈述句说话，效果就会好很多，比如：

- 事情是这样的……
- 你一向明事理……
- 这件事情需要马上做好，一定要记得……

小情绪出口

写给自己的箴言

第一条：以后不再乱发脾气，要控制情绪，让自己更加有耐心，遇事多冷静。

第二条：说话要注意态度和语气，心里再着急，说话也要态度温和、语气和缓。

第三条：要通过书本和周围的人学习良好的表达方式，争取做一个会好好说话的人。

聊点儿心理吧

南风效应

南风效应也叫南风法则或温暖法则，是指说话做事要顺应人的内在需要，使人的行为变得自觉。

南风效应原本出自法国作家拉·封丹写的一则寓言故事，故事讲的是北风要和南风比比谁的威力更大，比赛规则是谁能先将路上行人的大衣脱掉，那么谁就是胜利者。北风率先出手，它呼啸着吹向路上的行人，想要用力把行人的大衣吹掉，结果北风吹得越是卖力，行人就把大衣裹得越紧，无论北风怎么努力都无济于事。而南风则徐徐吹动，带给行人阵阵温暖，行人渐渐觉得身体越来越热，于是自己动手脱掉了大衣。最后，北风只好认输。

南风效应告诉我们，与人交往，采取让人感到舒服和温暖的方式，最容易获取他人的友好。如果态度和行为过于强势，不仅达不到与人为善的目的，反而还会让别人对你“敬而远之”。

火眼金睛，准确识别他人的拒绝

情绪讨论间

田可乐→小H这个人太不痛快了，答应就答应，不答应就直接说不答应，绕了半天我都不知道他到底是什么意思。

据本“大师”掐指一算，你应该是被人拒绝了。←周多多

田可乐→你什么时候成“大师”了？我可不信你的话，小H又没有明确说不答应。

你怎么和我一样，想问题总是一根筋，人家虽然没说不答应你，可是也没说答应你吧？这么简单的事，你还看不出来？←任小锐

董小朵→虽然他没有直接拒绝你，但其实已经用很多潜台词来表明他的态度了。

阳光聊天室

田可乐情绪说

难道真的是我太没有眼力见儿了吗？我一直觉得，既然是好朋友，就应该有话直说呀，如果不想干就直接拒绝好了，干吗扭扭捏捏地找些理由来搪塞我呢？害得我还白白地在那里等着。看来，我还需要继续修炼，要多长一些心眼儿，可是我又觉得心眼儿太多的人不真诚。怎么办？我好纠结啊！

阳光博士说

与人相处，遇事考虑得更周到、更全面一些，确实很有用。人们有时认为别人“心眼儿多”是贬义词，其实这个词并不是贬义词，无数品质高尚的人考虑问题都会很周到，对他人的理解也很深刻，他们的心眼儿也多，但他们的心眼儿是用在了如何让自己和身边的人都更好上。有些人不仅考虑问题不全面，而且他们却一心只想着自己，甚至会为了自己的利益不惜伤害别人。

可见，在与人相处时，一个人是否容易相处，是否受大家欢迎，最关键的问题不是心眼儿多不多，而是能否把心态和三观都摆正。在心态好、三观正的基础上，我们如果能头脑更快、考虑问题更周全，那就更好了。

田可乐遇到的问题其实很容易解决，因为无论是田可乐，还是小 H，双方都是友好善良的人，小 H 的行为并没有什么不当，只是田可乐不够敏锐，没能及时准确地识别小 H 话中的拒绝态度。

生活中缺少这种敏感度的人不止田可乐一个，那我们就一起来看看从哪些信号可以看出别人实际上已经在拒绝我们了呢？了解完这些，我们就会及时停止自己的行为，以免让双方都无法下台。

Step 1 听懂别人的话里有话

一定要记住一条：别人没有明确表示答应你的时候，大多数时候就是拒绝。比如下面这些话往往就是拒绝的代名词。

- 以后再说/下次再议……
- 我不太适合做这件事，你再考虑考虑其他人……
- 我最近没有时间/最近实在太忙了……
- 我再考虑考虑/我还没考虑好/这件事我还需要再想一想……

Step 2 表示拒绝的身体语言

聪明的人不只能通过说话，还可以通过对方的身体语言来判断别人的拒绝。比如：

- 身体后仰或挪动身体远离你；
- 你说话时，对方摇头或摆动手指；
- 眯起眼睛或干脆闭上双眼；
- 不耐烦地抖动脚或手……

小情绪出口

写给自己的箴言

第一条：别人不直接拒绝我，并不是想要拖延，是他们怕直截了当地拒绝会让我没面子。

第二条：平时多观察、多思考，发现拒绝信号时就停下来，不要死缠烂打，以免双方都感到难堪。

第三条：遭到别人的拒绝也不必感到难过，我们可以另外再想办法。就像我们会拒绝别人一样，别人也会拒绝我们，这都是正常的社交行为。

聊点儿心理吧

留白效应

留白效应最早来源于中国画的一种手法，即在画画的时候并不会全部画满，而是适当留出空白，这会给人留下想象的空间。留白手法的运用能起到一种以无胜有、有无相生的作用，是一种十分高明的作画手法，恰到好处地运用留白手法，可以令画面的整体意境得到很大程度的提升。

后来，心理学领域引入了这一概念，心理学中的留白效应是指人们在感知事物时，不必把所有信息都毫无保留地显现出来，

人们可以根据事物表现出的一些特征留出空间，给别人以想象的余地。

在人际交往中，我们也可以恰当地运用留白效应。一方面，在与他人相处时，我们要留出适当的空间，不要与他人太过亲密无间，以免产生摩擦；另一方面，当与他人沟通时，我们也要善于发现别人留给我们的想象空间——很多时候，人们为了给双方都留出余地，会不直接说出自己的想法和意图——这种情况下，我们就要通过他们表现出来的一些特征去判断未显露出来的信息。

表达感谢时，不要只说“谢谢”

情绪讨论间

任小锐→就因为我说了个“谢谢”，我哥居然教训了我一顿，他说我只说这两个字太没诚意了。

你哥大概是想告诉你，不要只说“谢谢”二字。←董小朵

任小锐→对，他就是这个意思。但是别人帮了我，我不说“谢谢”说什么？

哈哈，我和你一样，“谢谢”两个字，我只说一次。←田可乐

周多多→如果是我帮了别人，对方只说“谢谢”两个字的话，我也会觉得有点儿不太舒服，感觉对方只是例行公事，不够真诚。

任小锐 → 难不成非得鞠躬作揖、磕头拜谢才叫真诚？

阳光聊天室

任小锐情绪说

我哥哥只要一回家就会找各种机会教训我，今天我看他帮人做的漫画相册很有意思，于是就叫他帮我也做一张漫画头像。他确实花了挺长时间才做好了头像。我很喜欢，当时就很高兴地说了声“谢谢啦”。结果他听了很不高兴，说他平时给别人做漫画头像，别人不仅会态度真诚地表达感谢，还要给他辛苦费。我听他这话，我还不高兴呢，他可是我的亲哥哥啊，难道他给我画一张头像还要我付钱吗？他说我道谢不真诚，我还觉得他缺少兄妹情义呢！哼！

阳光博士说

我首先要提醒任小锐一点：你哥哥和你沟通的重点被你搞偏了，你哥哥是想提醒你表达感谢时不要只说“谢谢”二字，而不是要让你给他付钱。

然后，我们再来分析这件事。

如果仅考虑礼貌问题，“谢谢”两个字的确没有问题，但是从任小锐的讲述中我们可以发现，任小锐与哥哥的关系不仅仅有礼貌和客气，还有浓浓的兄妹情义。其实可以看出，任小锐与哥哥之间的感情是很深厚的。也正因为如此，哥哥才想通过这件事提醒任小锐，很多时候表达感谢的时候，不能只说“谢谢”两个字。

人们在很多时候都是很感性的，即使是相同的意思，不同的表达也会给人带来不一样的感受。表达感谢有很多种方式，仅用“谢谢”两个字的话，会让被感谢的人觉得缺少感情，认为自己的帮助对方并不重视，心里自然会不舒服。

有人说“大恩不言谢”，对他人的感谢之情放在心里就可以了，为什么一定要说出来。可是，你有没有想过，不说出来的话，虽然你自己心里知道感激别人，可是对方却并没有感受到你的感激之情，这会让帮助你的人心里怎么想呢？如果别人帮助了你，却没有收到只言片语，或只收到简单的“谢谢”二字，别人会觉得你不懂感恩。

那么，怎样表达感谢才能让人感到舒服呢？看看下面的方法吧。

Step 1 说出你的感受和感谢的原因

表达感谢时，不要只干巴巴、冷冰冰地说“谢谢”二字。如果一时想不到别的词汇，我们最好在“谢谢”的后面加上一个称呼，这样能让对方感受到你对他（她）的重视。

当然这样说还不够，最好再说出你感谢对方的原因以及你对此的感受，如果最后再有一个恰到好处的升华就更完美了。具体示例如下：

谢谢哥哥给我做的漫画头像（感谢具体事情），我真的太喜欢这种酷酷的头像了（说明你的感受），我以前看到别人有这种头像时就一直很想自己什么时候也拥有一个（感谢原因），我哥最棒了，是天底下最厉害的哥哥（升华）！

小A，谢谢你给我讲题（感谢具体事情），我觉得太有成就感了（说明你的感受），之前这种题型我一看到就犯怵，现在终于把它攻克了（感谢原因）。这都是你的功劳，你真牛（升华）！

Step 2 借用文字来表达心中的感激之情

有时候，人们可能会觉得利用小便条或一封短信来表达心中的感激之情。借用文字来表达感激之情时，一定要注意以下几点：

- 开头直接表明你要感谢对方的目的；
- 描述你的感谢原因和自身感受时，可以适当介绍一些细节，这样更让人觉得你信上的内容真实、感人；
- 结束时重申你的感激之情，用词要真诚、感人；
- 表明来信的目的即可，不要啰啰唆唆。

小情绪出口

××年××月××日 星期三　　晴

今天和哥哥之间发生的事，让我明白了一个道理：即使是关系很亲密的人，彼此之间也要常常表达感情。而且表达感情时，不要只图自己简单方便，而要关注对方心里的感受。比如表达感谢，我们一定要让对方知道我们十分看重他对我们的帮助和付出，而且我们很高兴、很感激他们的帮助，当然了，最好再夸一夸他们的“通天本领”。这可不是简单的“嘴巴甜”，而是为了让帮助我们的人感到心里暖。

聊点儿心理吧

反馈效应

反馈原本是物理学中的一个概念，后来心理学借用这一概念，说明学习者对自己学习结果的了解，而这种对结果的了解又会促进学习者更加努力，进而提高学习效率，这一心理现象被称为“反馈效应”。

心理学家赫洛克曾经做过一个实验：他将实验者分成四个小

组，每组成员人数相等、能力相当，且接受的任务难度相同。不同的是，每一组完成任务后会受到不同的对待。

第一组为激励组，这组成员每次完成任务后都会受到赞扬和鼓舞；第二组为责备组，这组成员每次完成任务后都会因一些问题受到严厉的批评和指责；第三组是忽视组，这组成员每次完成任务后不会收到任何反馈；第四组是受控组，这组成员不仅每次完成任务后不会收到任何反馈，而且每次完成任务时还会受到阻碍。

结果显示，受控组的成绩最差；激励组的成绩则一直遥遥领先。

反馈效应在人际交往中同样会发挥重要作用，当别人给帮助我们之后，如果没有给予及时反馈，人际关系则有可能会渐渐疏远。

所以，在与人交往时，当别人帮助我们时，我们一定要及时进行反馈，而且要选择合适的反馈方式，尽可能地给予他人正向的激励，让别人感受到发自内心的重视和感谢。

第3章

魅力人格课

这样我才受欢迎

我很好，但不必在别人面前炫耀自己

情绪讨论间

田可乐→小A怎么回事？原本我只是开心地告诉他，这次期末考试我考了双百，我爸爸妈妈暑假要带我去海边玩几天，又没招他惹他，他怎么就对我说那些酸话呢？

他说什么了？←周多多

田可乐→他说“显摆啥显摆，考双百有什么了不起，好像谁没去过海边似的，海水臭哄哄的，海鲜也没什么可吃的，去海边最没意思了”。

嘿，他这话可真是吃不到葡萄就说葡萄酸！←任小锐

田可乐→我觉得他就是这样，真是吃不到葡萄就说葡萄酸！

董小朵→小A的成绩确实不如你，而且他爸爸妈妈都在外地，寒暑假也不回来，可能会觉得你是故意向他炫耀呢。

阳光聊天室

田可乐情绪说

我承认，自己有在同学面前炫耀的意思，可是无论是考试考了双百，还是爸爸妈妈暑假要带我去海边，这两件事都让我太开心了。我最主要还是想和大家一起分享一下这种喜悦的心情。小A同学家的情况我也知道，但是他考不了双百，他爸爸妈妈陪不了他，又不是我造成的，他为什么要朝我说那些阴阳怪气的酸话，原本我还想从海边回来的时候给他带一些纪念品呢。哼！我再也不想理他了！

阳光博士说

追求平等是人们的一种本能，无论人们嘴上是否承认，实际上人们总会下意识地拿自己和他人进行比较，在人们的内心深处往往会有一些非常微妙的想法。

- 别人拥有的，我也想要拥有；
- 我没有的，别人也没有，那就无所谓；
- 如果我有，而别人却没有，那我会有些瞧不起别人；
- 如果别人有，而我却没有，那我就会不高兴；
- 如果别人某方面比大多数人强，但某方面不如我，那我会觉得这个人还不错。

基于这种心理，在与人相处时，我们需注意以下几点。

Step 1 谦虚低调，别人夸奖自己时巧妙夸回去

如果你很优秀，但不懂收敛、处处炫耀，那人们就会讨厌你。别人在夸奖你优秀的时候，千万不要飘飘然，而要巧妙地也夸夸对方，这种行为会让人觉得你既有修养，也很有智慧。

Step 2 适当展现自己的小缺点

有优点要表现，如果优点太多的话，不如也展现一下你的小缺点吧。当然了，展现的缺点要无伤大雅，否则就会走入另一个极端。

小情绪出口

××年××月××日 星期五 多云转雷阵雨

今天这件事，让我似乎明白了为什么一直以来明明我自己觉得自己很优秀，可是为什么人缘却不好的原因——不是因为我不够好，是因为我表现得太好了，有人嫉妒我！嘘！这是我的秘密日记，我只是在这里自我陶醉一下，该调整的地方我还是要调整的。我决定暑假从海边回来后，仍然给小A带一些纪念品。不过给他纪念品的时候，我要和他讲一讲自己犯错误被爸爸妈妈批评的糗事。

其实以前我也总挨批评，可是我为了面子不会告诉别人，我以为这样保持一种“比较完美”的人设，大家会更喜欢我，没想到其实大家并不喜欢所谓的“完美者”。这样也好，以后我就不用再对自己的缺点遮遮掩掩了。

聊点儿心理吧

仰巴脚效应

仰巴脚效应是指才能平庸的人虽然不会受到他人的倾慕，但是那些各方面都十分完美的人也未必会讨人喜欢。生活中，最受欢迎的人往往是那些虽然优秀却有一些小缺点或者会犯一些小错误的人。

心理学家艾略特·阿伦森曾经做过一个试验。

阿伦森请一些人来看四段情节类似的访谈影像，这些观看者就是被测试的对象。接下来，我们回顾一下当时的情景。

第一段影像：接受采访的是一个非常优秀的成功人士，他一直表现得非常自信、大方。测试者们看完这段影像也纷纷表示，这个人的确十分优秀。

第二段影像：接受采访的同样是一位优秀的人士，只不过他的个性有些羞涩，甚至由于过度紧张还弄洒了桌上的咖啡。测试者们表示，这个人性格比较羞涩，不过看上去很可爱。

第三段影像：接受采访的是一个工作业绩相当普通的人，他在采访过程中表现得比较自然。测试者们看完这段影像表示，这个人的访谈虽然没出什么错，但也没有什么吸引人的地方。

第四段影像：接受采访的仍是一个普通人，他在采访过程中表现得非常紧张，不但弄洒了咖啡，也淋湿了主持人的裤子。测试者们看完这段影像觉得，这样的人他们也觉得不会有太多印象。

当四段影像都放完之后，阿伦森提了问题：影像中的四个访谈者当中，哪一位是大家最不喜欢的？

最后大部分测试者都选了第一位采访者。

这一心理学效应告诉我们：事事都比别人强、样样都比别人好的人并不会得到人们的喜欢；反而在一些方面有些许瑕疵的人才能让人获得更好的人际关系。所以，在与人相处时，要想受人欢迎，我们不必处处表现自己比别人强，要学会适当示弱。

一味讨好别人，反而得不到别人的关注和重视

情绪讨论间

周多多：表妹每次来我家，我都会把自己心爱的玩具和零食拿给她，有些是我自己平时都舍不得的，可是她还是不想跟我玩儿。

田可乐：如果她不和你玩儿，那你就不要把自己喜欢的东西拿给她了。

周多多：她说想要那些东西，我怕如果不拿给她的话，她就更不喜欢和我玩了。

任小锐：可是听你的意思，她即使拿了你的东西也没和你好好玩儿呀。

周多多：她可能心情不好吧，我让着她一些也没什么。

董小朵：那你有没有关注自己的心情呢？如果和表妹的相处方式让你自己心情不愉快的话，那你就不必那么让着她。

阳光聊天室

周多多情绪说

平时家里人总夸我“是个懂事的好孩子”，因为在和其他小朋友一起玩耍时我总是让着别人。其实有时候，我心里原本是不想让的，甚至有时会觉得很委屈，可是我既担心大人说我不懂事，又害怕和其他小朋友发生冲突。这两种想法是不是互相矛盾呢？我不知道该怎么解决？怎样才能既能让大家喜欢，又能让自己心里愉悦呢？

阳光博士说

一个人无论自身多么优秀、做事多么完美，都不可能得到全世界所有人的认可，即使是那些身披明星光环、受无数人拥护的人，也难免有人觉得不满。所以，我们必须要清楚，无论怎么做都不可能获得所有人的满意和认同。因此，在与人交往时，我们一定要始终将重点放在自己身上，要关注自身的需求、照顾好自己的身体和心理，绝对不要为了讨好别人而去做委屈或伤害自己的事。

况且，我们只要认真想一想就会发现，生活中那些不关注自己只知道一味讨好别人的人，实际上反而得不到别人的关注和重视。有些同学会觉得奇怪，这到底是为什么呢？

道理很简单，如果一个人自己都不关注和重视自己，那别人又怎么会关注和重视他（她）呢？所以，在与人交往时，我们首先要关注和重视自己，将自己的需要、意愿等放在首要位置，要自尊自爱、不卑不亢。要想做到这一点，可从以下几方面做起。

Step 1 不愿意做的事，要明确拒绝

首先，我们不能为了讨好别人去做自己明知道不对或自己不愿意做的事。那么当别人要求我们做这样的事时，我们该怎么办呢？当然是明确地拒绝，记住在拒绝时，需注意以下几点。

拒绝别人的态度要明确，不要模棱两可。模棱两可的态度会让别人误以为会有机会说服你去做这些事，有些人甚至可能对你死缠烂打，这会浪费我们的时间和精力。

态度要坚决，但言辞需巧妙。态度坚决是为了让对方打消继续说服你的念头，而巧妙的言辞则是为了不让彼此之间因为你的拒绝而产生矛盾。比如，我们可以说："真不好意思，我放学后要马上回家写作业。""这个东西是爸爸刚给我买的，我很喜欢，如果你想要的话，我问问我爸爸是在哪里买的，把地址告诉你，你让家人带你去买吧。"

Step 2 自己做不到的事，不要勉强

无论是同学之间，还是朋友之间，如果对方有需要，而我们愿意帮忙，且恰好又可以方便办到，那我们自然可以伸出援助之手——这也是友情的一个重要表现方面。但如果别人需要帮忙的事是自己无法做到的，那就不要强自己所难。不要既难为了自己，也耽误了别人的事情。

Step 3 别人明显不欢迎你时，可以选择独自美丽

有时候同学们会遭遇这样的问题：自己十分想要加入一些“小团体”当中，但是那些“小团体”的成员却很明显表现出了“不欢迎你加入”的信息。这时应该怎么办呢？如果此时你选择主动讨好他们，即使你勉强被他们允许加入，你也会感觉到，这种加入只是表面上的加入，而不是真正受他们欢迎地融入其中。而且这种加入，带有很大的“施舍”性质，他们会觉得是你非要当他们的小跟班儿，他们会处处指使你、命令你，甚至无论你做什么他们都会贬低你。

所以对于这种情况，选择一味讨好不如选择独自美丽——正所谓“你若盛开，蝴蝶自来”，人们总是趋向于向更优秀的人靠近。所以，你认真学习、与他人不卑不亢地友好相处、充分展示自己的优势，当人们看到你的能力、品质时，自然会主动向你靠近。

小情绪出口

××年××月××日 星期一 阴转阵雨

我常常在生活中表现得很懂事，甚至懂事得有些过头——别人的感受和需求总要胜过自己的感受和需求，以前我以为这是一种美德，甚至以为这是自己情商高的表现。现在我才知道，很多时候我只是害怕别人不高兴而采取的讨好行为。这些行为并没有让我变得更优秀、更开心，也没有让周围人觉得我很重要。看来讨好别人并不是情商高，真正的高情商是以关注和愉悦自己为前提，可以勇敢且有技巧地表达自己。我以后要努力做一个真正高情商的人，而不要做一个总是为了讨好别人而忽略自身感受的人。

聊点儿心理吧

马太效应

马太效应是指一种强者愈强、弱者愈弱的现象。

马太效应来自《圣经·新约》中的《马太福音》，在《马太福音》里有这样一个故事：国王马太准备远行。在出门之前，他给了三个仆人每人一枚金币，并且告诉他们可以拿去做生意，等他回来时，再去见他。

等国王马太回来时，第一个仆人说，他用国王给的一枚金币赚到了 10 枚金币。听到这个消息，马太奖励这个仆人十座城。第二个仆人说，他只赚到了 5 枚金币，于是马太奖励这个仆人五座城。第三个仆人说，他一直小心保管这枚金币，不舍得拿出来。马太便将第三个仆人的金币也奖赏给了第一个仆人，并说："凡少的，就连他所有的，也要夺过来；凡多的，还要叫他更多。"

在与人交往时，同样存在马太效应：越是小心翼翼讨好别人、生怕失去友情的人，往往越不容易获得友情；越是关注自己、爱护自己的人，越容易引起别人的关注。

小朋友们与人交往时，与其做那个讨好别人的人，还不如做一个关注自己、爱护自己的人。当悦纳自己后，你才会更加自信并充满人格魅力，别人才更容易被你吸引。

不吝赞美，夸人夸到心坎里

情绪讨论间

任小锐→小D真是难相处，我那么使劲夸他，他还生气，非说我故意和他过不去！

不要怪我多嘴，但我真的忍不住想说，你那是夸人吗？简直是损人！你完美地避开了小D的所←田可乐

有优势，夸的全是他身上不具备的“优点”，而且用词又很夸张，如果是我被你这么夸的话，我也会受不了的。

周多多→对不起，虽然咱们是好朋友，但我也发现，当时小D尴尬得脚指头都要抠出一座山来了。

我原本还想通过夸奖拉近我和他的关系呢，没想到弄巧成拙了。←任小锐

董小朵→看来夸人这不是谁都会夸的，你得好好学一学怎么夸奖别人了。

阳光聊天室

任小锐情绪说

没想到夸人也能夸出错，难道不是大多数人都喜欢被人夸奖吗？难不成小D恰恰就是那种不喜欢被人夸奖的极少数人？可是，我看他那天听到老师夸奖时笑得很开心呢！大家说我夸得方式不对，我已经很努力地把脑子里所有学过的夸人的词都用上了，说实话有些话我都有些不好意思说出口，可是心想为了和同学搞好关系就先不管这些了，没想到最后居然把事情给搞砸了。

阳光博士说

你有一点说得不错，大多数人都喜欢被人夸赞。小 D 其实也喜欢被人夸赞，只不过是你的夸赞方式没选对。所以说，夸赞别人本身没有错，错的只是没有运用恰当巧妙的夸赞方式。如果夸赞方式得当，让人觉得心里很舒服，那自然会成为人群中最受欢迎的那一个。

Step 1 赞美首先要客观

既然是赞美别人，就要赞美这个人身上真正拥有的优点，千万不要颠倒黑白、无中生有，这种赞美会让人十分尴尬，还不如不去赞美。

Step 2 赞美最好能具体

很多人赞美别人总是一味地说“你真棒！”“太厉害了！”“你真牛！”这样的夸奖让人觉得很空泛、没有具体内容，而且还有一点儿应付的成分在里面，感觉根本就没有真正用心。要想让人觉得你是用心在夸奖，就要夸得更具体一些，夸奖别人时你说的细节越真实、丰富，别人就越能感受到你的用心。比如下面一些方式：

> 你怎么能想到用这个词来形容，你的词汇量真是太丰富了，而且还能在那么短的时间里想到这个既准确又脱俗的词，佩服，真是佩服！

> 你这件衣服的板型真好，料子也挺好，不像那种普通的软塌塌的面料，而且颜色也好看，尤其能体现出你恬静高雅的气质。

Step 3 善于发现别人鲜为人知的优点

如果你能认真观察和思考，善于发现别人鲜为人知的优点，那在与人相处时真的很难不让人另眼相看。比如，有些女生很漂亮，而你却能发现她学习特别努力、成绩也很优秀，那么当大多数人只会夸奖她的外貌的时候，你还夸她不仅人长得漂亮，而且很有内涵，学习又努力、成绩又突出，你的夸赞自然比别人更加深入人心。

Step 4 赞美的方式要尽量脱俗

赞美别人最好不要千篇一律、人云亦云，那样的话不但给别人留不下深刻的印象，而且还会让人觉得很无聊，甚至认为你是在浪费他们的时间。所以，我们最好能别出心裁地想一些与别人不一样的方式去赞美别人，比如：

- 你是吃了长生不老药了吗？是不是明年就要返老还童了？
- 别以为你人美心善我就可以原谅你今天迟到！
- 你稍微懈怠一点儿的话，我是不是就能赶上你了？
- 你学习好就算了，眼光还这么好，还让不让人活了！

小情绪出口

写给小D的信

小D：

你好！

今天写这封信，是想向你道歉。我知道我一直不太会说话，之前因为一些事让我们产生了不愉快，我原本是想通过赞美的方式来缓和一下我们之间的关系，没想到事情却被我弄得越来越糟。在此，我向你表示真诚的歉意！

首先，我保证我真的不是故意让你尴尬的。

其次，事后我反省了一下，其实我知道你的很多优点，比如，你数学成绩很好而且很善良，以前还给我讲过错题；你跑得很快，踢球的时候别人很难追得上你；你的手工做得也不错……唉，我当时糊涂了，这么多优点怎么都忘了说呢？

最后我想说，你一向是一个宽宏大量的人，希望你很快忘掉我们之间的不愉快。明天下午我们能一起踢球吗？

你的朋友：任小锐

××年××月××日

聊点儿心理吧

奖惩效应

奖励和惩罚是对他人行为的外部强化或弱化的手段，通过奖惩影响他人对自身的评价，进而对他人的心理产生影响。过度的奖励或者不当的夸赞可能会给他人带来心理上的负担。

文中任小锐在对小D了解不充分的情况下，盲目对其进行夸赞，甚至以对方的缺点作为夸赞的对象，让小D误以为任小锐是

在嘲笑他。这样的夸赞对于小D没有任何帮助，反而使其感到反感，从而影响两个人的感情。

每个人都需要得到认可，当听到别人真诚的赞美时，心里往往十分高兴。但是我们给予的赞美一定要真诚、贴切，这样才能真正帮助别人，让别人发现和放大自己的优点，增强自信心。

让别人帮些小忙，可拉近彼此关系

情绪讨论间

周多多→班里新来的同学真是个乐于助人的好同学，这几天我胳膊扭了，每次放学她都帮我整理书包。

啊？你和我认识的是同一个人吗？我怎么感觉这位新同学就像是“高岭之花”一样高冷傲气呢？←田可乐

任小锐：也许是因为我们和她一点儿都不熟，不过她刚来，周多多你平时也不爱说话，怎么你们俩熟得这么快？

周多多：我胳膊刚扭那天，放学后大家都走了，只有新同学在抄课程表还没走，我只好硬着头皮请她帮我整理一下书包，没想到后来她每天都这么帮我，她人真的很好。

董小朵：看来我们要想和新同学搞好关系，也要主动让她帮点儿忙哟。

阳光聊天室

周多多情绪说

平时大家都说我性格很害羞、很内向，其实新同学刚到我们班的时候，我和田可乐的想法一样，都觉得她有点儿高冷。那次我实在是觉得没有别的办法才鼓起勇气找新同学帮我的。让我没想到的是，新同学竟然很痛快就答应了我的请求，而且从那以后，在我胳膊好之前，她一直都帮我整理书包。更没想到的是，她和我的关系就这样从生疏变得熟悉，彼此之间越来越亲密友好了。一直到现在，她和我的关系都比和其他人要好，而且我们都相信，我们的友谊一定会永远保持下去的。

阳光博士说

换一种角度来思考：刚刚转来的新同学一定也很想融入同学们当中，但是她谁也不认识，又做不到像一个“社牛”一样硬融入进去，所以只好表现出一副“生人勿近”的高冷模样了。

幸好平时看上去害羞内向的周多多一不小心就开启了人际交往的密码！周多多的经验告诉我们，当想要和别人的关系取得一定进展的时候，我们不妨主动让别人帮一些忙。当然了，使用这种方法也是有一定的原则可遁的，否则不仅没办法交到新朋友，甚至还会把别人吓得离你远远的。下面我们看看都有哪些原则吧。

Step 1 向别人求助时，态度一定要端正

既然是让别人帮忙，那就要有让人帮忙的态度，一定要谦虚、真诚，要让对方感受到他（她）的帮助对你来说是极其重要的，而且你是真心感谢对方的。

Step 2 提出的请求要让别人觉得可以轻松完成

如果我们在社交时，是想要拉近彼此的关系才主动让别人去帮忙，那么我们在提出要求时，就一定要站在对方立场去考虑问题——这个忙一定是对方比较容易做到的事，否则就是令对方为难。如果我们令对方感到为难了，那对方自然会不高兴，他们又怎么可能愿意和我们拉近关系呢？

Step 3 无论别人是否能帮得上忙，都要诚挚感谢

在与人交往时，最忌“用人的时候笑脸相迎，不用人的时候翻脸不认人”，与朋友相处贵在真诚，不能势利。当我们需要帮助时，如果别人出手帮助了我们，那我们当然要诚挚表示感谢；如果别人花费了时间和精力，最后却没能帮得上忙，那我们同样要向对方表示诚挚的感谢；如果当我们寻求帮助时，别人当即表示无能为力，我们也不要马上露出失望的神色，而应当向对方表示抱歉——“真是不好意思，耽误了您的时间”。

小情绪出口

新同学XX：

你好！

我是周多多，最近几天一直麻烦你帮我整理书包，真的十分感谢。为了表示我的感谢，周末的时候我特意做了一盒蛋黄酥，今天带到学校送给你，虽然我的礼物很轻，但这是我的一点儿心意，希望你会喜欢。

另外，班里的其他同学也很想和你成为朋友，大家委托我问问你，以后大家放学后可以约你一起玩儿吗？如果你愿意的话，大家都会很开心的！

再次表达我对你的感谢，你真是一个善良可爱的人！

你的同学：周多多

xx年xx月xx日

聊点儿心理吧

富兰克林效应

富兰克林效应是指与那些被你帮助过的人相比，那些曾经帮助过你的人往往会更愿意再一次出手帮你。也就是说，在人际交往中，拉近你与他人关系的最好方法不是去帮助别人，而是让别人来帮助你。

美国的总统富兰克林先生曾经担任过一名州级议员，当时为了得到另一位议员的支持，他想了一个办法：富兰克林听说那位议员有一本非常珍贵的书，这本书非常稀有。于是，富兰克林就给这位议员写了一封言辞恳切的信，在信中他客气地说：“我非常想拜读那本书，您能否借我读几天？”没想到这位议员很愉快地就把书借给了他。

一周以后，富兰克林去还书，并写了一封短信向这位议员表示感谢。令人没想到的是，又过了一段时间，议员开会时，这位议员不仅主动与富兰克林聊天，而且流露出颇为欣赏的态度，而在此以前，这位议员从来就没有和富兰克林有过任何交集。后来，富兰克林和这位议员成了很好的朋友，自然他也得到了这位议员的支持。

富兰克林效应告诉我们，如果想要和别人建立比较良好的关系时，可以先请对方帮一个忙。

不要降低我们的择友标准

情绪讨论间

董小朵→邻居家的妹妹突然说不想和我一起玩儿了，我问她为什么，她说我只在意自己，从来都不关注她。

田可乐←是不是和你在一起的时候，她总是夸你，而她却得不到任何夸奖？

周多多→是不是你们聊天时，你只顾着自己说话，而她却没有表达的机会？

任小锐→是不是当她心情失落想找你寻求安慰时，你只会说：“加油、努力！”

你们是不是在我家安了监控，还是见过我的邻居妹妹了？怎么和她说的这么像！←董小朵

阳光聊天室

董小朵情绪说

我一直以为自己和谁聊天都有很多话题，以为我聊的事情大家都很喜欢听；我也一直以为，别人夸我时，我的回复足够礼貌和谦逊，这样的态度应该是受欢迎的；我还以为，我总能看到别人的烦恼和失落，只要我给他们加油打气，他们就能积极面对……唉，结果所有的这一切，都仅仅是我以为，别人以为的却不是这么回事。

阳光博士说

董小朵遇到的问题，相信很多同学也遇到过，遇到这些问题不要伤心，也不要失落。其实这些问题发现得越早对于我们来说就越好，否则我们还一直不知道自己在别人心目中是怎样的形象呢！

那么，在与同学、朋友及他人交往时，我们应该如何让别人感受到我们

的重视呢？试试下面的做法吧。

Step 1 聊天时，鼓励对方说更多

与别人聊天时，千万不要和别人抢话说，很多时候，即使话语权被你抢了回来，可是别人对你的好感却是大大地降低了。如果你能认真倾听，并想办法鼓励别人说得更多，那对方就会认为你是一个谦逊亲和的人，会愿意与你继续沟通和交往。

这是因为每个人都有表达的欲望，当你成全了别人的表达欲时，别人自然会感受到你的关注和重视，你自然也会受到对方的欢迎。你可以用以下话术去鼓励别人说得更多。

- 慢慢说，别着急；
- 你说得对，还有吗？继续说；
- 刚才我没太听明白，你能说得更具体一些吗？

Step 2 别人夸你时，你要巧妙地夸回去

有时，我们会得到别人的夸奖，对于这些夸奖，我们首先要表示感谢，接下来更重要的就是想办法也要对别人进行积极的评价，即夸回对方。这样，夸奖你的人心里会非常开心，他们会觉得“你果然很不错”或者觉得“原来你也觉得我很好”。

那么，别人夸奖时，我们该怎样夸回去呢？看看下面几个例子吧。

- 别人夸你这次考得好——原本我觉得复习太累了，可是后来看你平时成绩那么好还在那儿复习，我就以你为榜样继续复习了，要不然我真考不了这个成绩；
- 别人夸你字写得好——可能是被你带动的，你练字时的那种认真程度真得很感染人；
- 别人夸你今天衣服很漂亮——因为今天我要和你一起出去玩儿呀，你那么漂亮，我当然也想努力追上你啊。

Step 3 别人情绪低落时，要正确安慰

当别人情绪低落时，往往更需要来自周围人的关注，这时我们要学习使用正确的方法去安慰对方。正确的方法是指真的让别人感受到你理解他（她）、包容他（她）、关心他（她）、重视他（她），而不是毫无感情的假安慰。两种安慰方式对比如下：

毫无感情的假安慰	关注他人的真安慰
时间长了就没事了。	确实很痛苦，我会陪你一起面对的。
你要积极勇敢地去面对。	在这种情况下，有些消极想法很正常，我知道你心里很难受。
不要想这些，想些开心的事就好了。	如果你想说说心里话，我很愿意听。
加油！不要放弃！	如果你觉得已经无法坚持下去，那不如暂时放手，没有关系的。

小情绪出口

××年××月××日　　星期二　　晴

今天我算是吸取了一个重要教训——“我以为”这个词真的很主观，事情本来的样子并不一定就是“我以为”的样子。与人相处，更是不能凭借主观想象，而要以双方的实际感受为主。我以前就是太不重视别人的实际感受了，自以为处事周全，没想到别人就没感受到我的关注和重视。幸好大家及时提醒了我。我决定以后要改变自己与朋友相处的态度，要从行动上真心诚意地关注和重视他人的需求，努力成为朋友心目中真正合格的朋友。

聊点儿心理吧

安慰剂效应

安慰剂是指一些没有实际药效、也没有副作用的、形似药的制剂。由于病人渴求治疗且对医务人员十分信任，所以安慰剂能对病人的病情产生良好的积极影响，出现希望达到的药效，这种反应就称为安慰剂效应。

安慰剂效应是由一位名叫毕阙的麻醉师在1955年提出来的。毕阙博士曾经在“第二次世界大战”的战场上担任麻醉师，有一次战场上的镇痛剂用光了，他只好让护士为受伤的战士们注射一些生理盐水假装是“镇痛剂”。令人震惊的是：注射了“镇痛剂”之后，原先那些大声呼痛的伤员们居然渐渐安静下来，表示他们身上的疼痛已经被止住了。

安慰剂效应告诉我们，信念是一种良药，虽然很多安慰他人的语言和行为本身并不能给予被安慰者实际的帮助，却可以帮助他们建立信心、坚定思想。所以，当发现别人陷入困境或信心不足时，除了提供实质性的帮助，更要给予他们合理的安慰。安慰和鼓励他人，看似无用，实际却是彼此间的爱意流动。

第4章

情绪管理课

我能控制好情绪

为什么我总想发脾气

情绪讨论间

任小锐 → 烦死了，怎么所有人都跟我过不去！

任小锐，你确定自己不是“更年期综合征”吗？← 田可乐

任小锐 → 田可乐，咱们还是好朋友吗？明知我心情不好，你还存心和我过不去！

嘿嘿，我这叫“明知山有虎，偏向虎山行”。← 田可乐

周多多 → 最近躲着你走可能比较安全。

你有没有想过最近都是因为什么原因发脾气？← 董小朵

任小锐 → 我感觉自己就像一个火药桶，似乎很多事情都能让我瞬间引爆。

我有时也会感觉到很烦躁，好像总有无名火埋在身体里。← 董小朵

田可乐 → 我爸说，没有什么是一顿火锅解决不了的，如果有，那就两顿。

周多多 → 这样会不会更上火？火上加火啊！

任小锐 → 周多多，你这句话把我逗笑了，哈哈，瞬间又感觉心情变好了。

阳光聊天室

任小锐情绪说

阳光博士，最近我总是想发脾气，有时候真的感觉大家都不理解我，甚至故意和我作对，可是我并没有得罪他们呀，他们凭什么要这么对我！今天早上，就因为我昨天写完作业没收拾好书包，我妈就一直唠叨。昨天写完作业的时候就已经很晚了，今天早晨起床时我就觉得很烦躁，结果又一直被我妈唠叨，真是受不了了。

可是我到学校后才发现，有作业忘带了，老师又批评了我。你们大人怎么那么爱批评孩子，谁还没有忘带东西的时候？为什么以前别人忘带作业老师就不批评，我忘带作业她就揪着我不放呢？哼！要是我妈知道这件事，非得加倍唠叨，真是烦死了。

阳光博士说

你觉得自己发脾气的原因在于别人对你的态度和方式，是别人总是和你作对，甚至故意针对你、招惹你。根据你的描述，我们来分析一下。

1.早上起床时为什么会觉得烦躁？

2.如果你昨天收拾好书包，做好自己该做的事情，妈妈会不会唠叨你？

3.作业没收到书包里，是什么原因造成的？

我们先看第一个问题：早上起床时觉得烦躁，是因为昨天作业完成得太晚，导致这个结果的原因，是不是放学后你玩的时间太长，没有及时写作业？至于第二和第三个问题，答案其实很明显。

所以，我们再回过头去想，你发脾气的根源并不是别人故意针对你、招惹你，而是自己之前没有规划好时间，没有做好自己该做的事情。另外，当问题出现时，你也没有积极地去沟通和解决。

针对你提出的问题，阳光博士建议：

Step 1 静下心来，先找情绪根源

如果你觉得无名火常常伴随着你，那不如静下心来，去想一想问题的根源到底在哪里。你可以用下面的流程图去倒推一下自己的情绪根源是什么，找到根源才能从根本上解决问题。

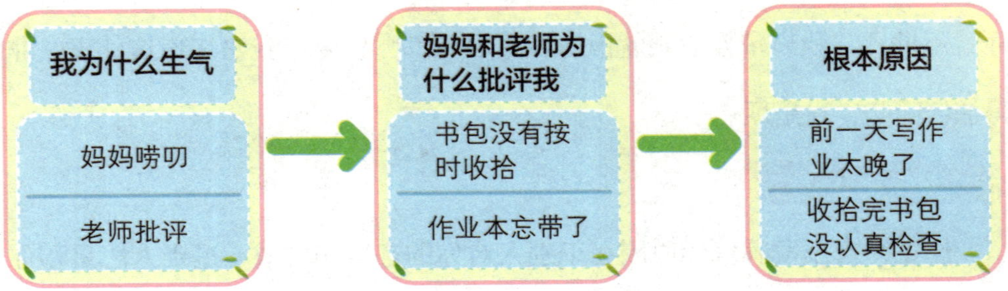

Step 2 自己做的错事，主动承担责任

如果问题发生的根本原因在于自己，那就要主动承担自己应该承担的责任。一方面要主动承认错误，另一方面也要积极思考如何避免同类问题再次发生。

Step 3 主动和师长沟通，探寻解决办法

如果感觉自己的情绪出现了问题，那就要主动和师长沟通，很多时候，自己思考不清晰的问题，可能在和师长或其他人沟通之后，我们的思路就会变得更加清晰，不会总钻牛角尖。

小情绪出口

我想对妈妈说

妈妈，昨天我作业完成得太晚了，所以书包没有及时收拾和整理。对不起，以后我会规划好时间，尽早完成作业。不过，我有时候可能会管不住自己，所以我们约定好，如果每天晚上8点，我还没有写作业，请您提醒我、督促我。

不过，我也想和您商量一下，以后当我发生错误时，您可不可以尽量少唠叨我，听到您的唠叨，我的第一反应往往不是认识到自己的错误，而是抵触，觉得您常常小题大做。所以，您能不能先提醒我，看我能不能自己想办法去改正；如果我没有及时改正，您再批评我也不迟，谁让我是您的宝贝呢！

聊点儿心理吧

蝴蝶效应

“亚马孙雨林中一只蝴蝶的翅膀振动，有可能会在若干天后引起美国德克萨斯州的一场破坏性巨大的龙卷风”——这是对蝴蝶效应最常见的阐述。

坏情绪也有蝴蝶效应，原本是一件小事，如果当时没有及时处理，或者处理不当，可能会不断地扩大效果，最后发展到难以收拾的地步。

比如，早上洗漱时如果你把精心制作的手工作品放到了洗漱台上，结果不小心被爸爸碰到地上摔坏了。你看到后非常生气，埋怨了爸爸几句，结果爸爸也很生气，指责你不应该把作品放到洗漱台上。妈妈听到后，急忙收拾地上撒落的东西，结果不小心扎破了手，于是先批评你乱放东西，又批评爸爸做事一向不小心。结果全家人都带着怒气出了门。

记住：坏情绪本身并不可怕，不认真面对情绪、任由坏脾气爆发才可怕。理清头绪，找到坏脾气的根源，才是解决问题的根本。

情绪无对错，但表达方式却有好坏

情绪讨论间

田可乐：气死我了，我奶奶真是讨厌，她把我攒了很久的卡片全给扔了。我让她以后再也不要来我家了。

周多多：你这样说你奶奶，她肯定非常伤心。我看平时你奶奶总是很关心你，有时来接你放学，书包都舍不得让你背。

任小锐：你奶奶大概不是故意的。有一次我妈妈收拾东西也不小心把我最喜欢的绘本故事给弄丢了，不过后来妈妈又帮我买了一本。

田可乐：我奶奶也说她不是故意的，可是那些卡片有些都已经绝版了，根本买不到。

董小朵→我奶奶住得很远，很少来看我，我倒是很羡慕你奶奶能经常来你家看你呢。如果你奶奶真的不再去你家，你不会想她吗？

我其实说的都是气话，和绝版卡片相比，我还是更爱奶奶呀。←田可乐

阳光聊天室

田可乐情绪说

原本我和小伙伴们约好了放学后要斗卡，可是当我兴冲冲地回家拿卡片时，发现卡片都不见了。奶奶说她帮我收拾屋子，看到床底下很多七零八落的卡片，以为都没用了，所以就都扔掉了。我当时生气极了，那些卡片我攒了很长时间，有一些稀有的卡片还是我拿心爱的玩具和小朋友们换来的，奶奶怎么说扔就扔了，为什么不在扔之前问我一声呢！

不过，当我说出“再也不让她来我家”这句话之后，我马上就后悔了，可是当时我心里很生气，又不想放下面子和奶奶道歉。后来，看到奶奶离开我家的时候一副很伤心的样子，我也很矛盾，一方面觉得是奶奶先自作主张扔掉了我心爱的卡片，一方面又觉得自己说的话

有些太重了，伤害到了奶奶。

唉，真是郁闷，我有时想是不是我不该发脾气，可是，我当时真的是又着急又生气呀，难道奶奶乱扔我的东西我就不能生气吗？

阳光博士说

其实发脾气是很正常的，每个人都会发脾气，发脾气是表达情绪、提出需求的一种方式。不过，发脾气也要讲究合适的方式和方法，乱发脾气不仅解决不了问题，而且还可能会为你增添新的烦恼。看看你目前是不是就遇到了这样的问题。

1.原本你的烦恼只有一件事，那就是卡片被扔掉了，你很生气。
2.现在你的烦恼变成了两件事：第一，卡片被扔掉了，你很生气；第二，说了伤害奶奶的话，你非常后悔。

现在，你心里一定很不舒服，明明之前做错事的是奶奶，因为奶奶确实不应该未经同意就乱扔你的东西，而现在反而因为自己表达情绪时没有掌握好分寸和方法，感觉自己也错了。你很后悔自己对奶奶说的话，可是又不想承认自己错了。其实你遇到的问题在现实生活中很多同学都遇到过，很多同学都很疑惑，难道别人做了令我们生气的事，我们就该忍着不发脾气吗？难道我们表达一下自己的情绪都不可以吗？对于这种纠结的想法，我有一些小建议，可供同学们参考。

Step 1 根据生气原因客观表述事实

我们先对比以下两种表述方式：

客观理性地表述	主观感性地表述
你扔了我的东西，我感到很生气。	你总是乱扔我的东西，真讨厌！
你把我心爱的书弄坏了，我很伤心。	你总弄坏我的东西，再也不借东西给你了！

你是否发现，客观理性地表述事实更利于别人了解事情的经过并理解你的感受，而主观感性地表述则容易激化矛盾。

当生气时，我们很容易因为一时冲动而口不择言，这是因为我们的理智被情绪所左右。现在，我们让理智归位，把生气的原因尽可能客观理性地表述出来。

Step 2 提出你的期望或要求

当别人的行为让你觉得不满时，你可以直接提出你的期望或要求，而不是首先愤怒地责怪他人。比如，处理我的物品时要先问我有没有用，这样要比埋怨和责怪更有利于问题的解决。

Step 3 意识到错误时及时和对方沟通

如果在表达情绪时没能很好地控制自己的言行并伤害到了别人，

那就要及时和对方进行理性的沟通，尽早解决问题，以免矛盾扩大。

小情绪出口

邀请函

亲爱的奶奶：

我是您最爱的可乐，我诚挚地邀请您本周六到我家吃我亲手做的蛋炒饭和烤鸡翅。这两样饭菜是奶奶经常做给我吃的，虽然我做的没有奶奶做的好吃，不过，这是我认真学了很多天才学会的，希望奶奶会喜欢。

在此，我还要向奶奶郑重地道歉，上个星期因为卡片被扔掉的事情，我对您发脾气，还说了让您伤心的话，实在对不起。我决定，等奶奶到我家的时候，我背着鸡毛掸子向您请罪，古有廉颇负荆请罪，今有田可乐"负掸请罪"，希望奶奶能早点儿原谅我，如果您觉得不解气，就拿鸡毛掸子打我几下吧。

我还想和奶奶提一个要求，那就是：以后扔掉东西之前问问我是否需要扔，如果奶奶觉得我的东西太乱，可以提醒我，我会自己把它们整理好的。

期待奶奶的光临！

邀请人：田可乐

××年××月××日

聊点儿心理吧

心理共鸣

心理共鸣指的是人们对某种言语、言辞或表达方式的个人情感反应。根据不同的言辞或共鸣方式，有些人可能会产生积极的情感回应，而另一些人可能会产生消极的情感回应。因此，即使是相同的话语，不同的表达方式可能会导致不同的情感反应。这是因为个体在语言和表达方式方面的偏好和背景不同，以及不同的情绪和情感状态可能会影响对话语的解读和评价。

心理共鸣可以帮助人们更好地理解和处理自己的情绪，增强情感联系，并增进人与人之间的同理心。通过共鸣，我们可以与他人的经历和情感建立起联系，从而更好地理解彼此，减少孤独感，并获得情感上的支持和安慰。

通过情感和经历与他人或艺术作品进行连接的心理体验，可以帮助我们更好地理解自己和他人的情感，并促进情感上的联系和理解。

好朋友居然在背后说我坏话

情绪讨论间

任小锐→你们试过被最亲近的人在背后捅刀子的滋味吗？你们知道被好朋友背叛是什么感觉吗？这个世界上最伤心的事莫过于此了。

任小锐，你是不是被什么人附体了，还是准备拍电视剧呢？←田可乐

任小锐→我心里都要难受死了，平时还说是好朋友，在我最伤心的时候却没人安慰我，呜呜。

发生了什么事？我们能帮你做些什么吗？←董小朵

任小锐：我表弟居然在背后说我坏话，我一直把他当成我最好的朋友！

周多多：他说你什么坏话了？

任小锐：这并不重要，重要的是他说我坏话这件事本身。

田可乐：这就是传说中的塑料朋友情吗？

董小朵：我有时候也会忍不住在背后吐槽我妈妈，可是我依然最爱她。

阳光聊天室

任小锐情绪说

我表弟和我只相差几个月，从小我们就在一起玩儿，我有什么好玩的、好吃的都会给他留一份，我一直认为我们是最好的朋友。可是今天我去姥姥家，却听见他和表妹说我太霸道，理由居然是上次去采摘的时候，我不让他们上踩着梯子摘桃子，还怪我说他们太笨。他们真是“狗咬吕洞宾，不识好人心”，那个梯子一点儿都不稳，他们两个刚踩上去两个台阶就摇摇晃晃的像要掉下去，我是怕他们摔着了，才那么说的。

我真没想到，自己的一片好心却换来他们的不满，尤其是我表弟，我做什么事都会惦记着他，他居然都不领情。我以后有什么好东西再也不会给他留着了，他要再来我家，我就把他当成透明人，再也不会和他一起玩儿了，哼！

阳光博士说

听到自己最亲近的朋友在背后说自己的坏话，这确实挺让人伤心的，没有人愿意被别人这样对待。阳光博士理解你的感受，而且我也有过和你一样的感受。当时我和你一样，感到生气极了。不过等冷静下来以后，我又想，那位说我坏话的好朋友平时对我其实很好，在我需要帮助时他总是伸出援手，而且他背后说的话其实也有一些道理。

你现在可能认为，你的表弟说你霸道，完全是误会你了，其实他根本就不懂你是怕他出危险才阻止他上梯子的。可是，反过来想一下，你上梯子的时候，是不是也存在同样的危险？他是不是也会担心你？如果他当时以你阻止他的方式去阻止你，你是否会感到高兴呢？

当然，好朋友背后说你坏话，这种行为本身确实有失妥当。他当时没有说清楚自己的想法，直接听从了你的安排，事后又觉得心里不舒服。其实，如果他当时直接与你沟通，说他想试试上梯子摘桃，可能后面就不会发生这些不愉快了。

其实，每个人都是独立的个体，都有自己的想法和行为准则，谁都不能代替别人做决定，同时谁也不可以一直依赖别人替自己做决定，即使是关系最亲密的人也不可以。阳光博士给你提几点建议，也许会对你有用。

Step 1 别人的事，让别人自己去做决定

无论关系再亲密，我们也不能过多地干涉和管制别人。别人想说的话，我们不要抢着说；别人想做的事，我们不要去干涉。

Step 2 经常沟通，明确别人想法后再采取行动

谁都不是别人肚子里的蛔虫，别人的很多需求和想法都是我们不知道的，所以与任何人相处都要经常保持良好的沟通。如果我们十分明确别人需要帮忙，那我们就尽自己的力量去帮助对方；如果对方并无此意，那我们最好静观其变。

Step 3 想帮助别人时，先征求对方同意

即使是出于好意想要帮助别人，也要先征求对方的同意。如果别人不想接受你的帮助，那就不要强行帮助。

小情绪出口

今日笔记

——我是我，别人是别人，我们既要做好自己，又要尊重别人。

——关系再好，说话做事也要讲究分寸，谁也不能代替对方做决定。

——多观察、多沟通，对方需要帮助时要及时提供帮助；当对方不愿意别人干涉太多时，自己要迅速退回本位。

聊点儿心理吧

刺猬效应

在寒冷的冬天，刺猬要靠在一起才能取暖。但它们却不能靠得太近，因为太近会扎伤彼此；可它们也不能离得太远，因为离得太远又无法彼此温暖。

很多人认为，好朋友之间就应该亲密无间，彼此之间没有秘密、不分彼此。结果却常常因为彼此之间关系太过亲近而生出矛盾。想一想，身边是不是常有以下类似的事情发生呢？

——我前几天买的铅笔，她随便拿着用，可是今天我想用一下她的橡皮，她居然不高兴！

——我告诉了好朋友自己家的秘密，没想到他转身就告诉了别人！

这些事实告诉我们，与任何人相处都要注意彼此之间的距离，对待与自己关系亲近的人尤其如此。有些同学往往觉得与自己亲近的人会无条件地接纳自己，自己做什么别人都会支持和赞成。其实每个人的接纳程度都是有限的，每个人都有自己的想法和需求。因此，我们不能因为彼此关系亲密就对自己的言行不加约束。所以，我们一定要学会在与他人的交往中既要保留自己的空间不被他人随意侵犯，也要注意不随意突破社交界限，尊重他人的隐私与权利。

妈妈怎么什么都要管

情绪讨论间

任小锐→我干什么我妈都要管。我真怀疑她甚至想在我身上安个监控器，真是太烦人了！

有这么严重吗？←田可乐

任小锐→我吃什么、喝什么、玩什么她都要管。我觉得，只要我爱吃的东西，我妈妈都要说成是垃圾食品。

有没有一种可能，你喜欢的那些添加剂太多的食品确实不利于身体健康。不过话又说回来，家长可能是太关心我们了，只不过他们的关心确实太“周全”，以至于会让我们觉得不自由。←董小朵

周多多→我倒是希望妈妈多管管我呢，可是我妈妈工作太忙了，我经常都见不到她，更不要说让她管我了。

唉，真是旱的旱死，涝的涝死呀！←任小锐

阳光聊天室

任小锐情绪说

我有时候特别想搞清楚，是不是大人都特别喜欢操控孩子。不仅仅是我妈妈，我看到身边的很多家长都是这样，我们吃什么、吃多少、怎么吃要管，学什么、学多久、怎么学也要管，玩什么、玩多久、和谁玩还要管，甚至连我们去厕所多长时间都要管！我们隔壁糖糖的奶奶更可怕，从来都不让糖糖看电视、玩手机，说对眼睛不好！这种感觉真的很压抑。我经常想，等长大了，我绝对不要成为这种控制型的家长！我一定要让孩子自由成长。

阳光博士说

很多家长对孩子管控太多，有时是出于一种对孩子的过度关注，有时是将自己在工作或生活中的压力投射和转移到孩子身上的焦虑心理。不过，也有一种可能，是作为未成年人的孩子们太过依赖大人，且缺乏自律造成的。

如果是家长太过焦虑，孩子可以建议家长寻找其他途径去消除焦虑。如果是因为自己平时不够自律导致家长管控太多的话，那我们就要从自己身上想办法解决问题了——如果我们自己能够管好自己，那家长又何必花费过多的时间和精力来管我们呢?

Step 1 掐住源头，不轻易放纵自己去做浪费时间的事情

在重要的事情没有完成之前不要打游戏和看电视，不要用“我只玩儿一小会儿”来骗自己，只要开始玩儿，时间就会在不知不觉中被浪费掉。

如果我们掐住源头，从一开始就不放纵自己去做那些浪费时间的事情，那就不必等到家长的提醒，甚至是没收手机和遥控器了。所以，如果不想总被家长管，那就管住自己，做一个让家长都佩服的自律的人。

Step 2 合理细分目标，降低目标门槛

有时家长会抱怨孩子不懂得学习的重要性，其实我们都知道现在最重要的事是好好学习，可是比起玩游戏和看电视，学习真的是太难了。那么如果学习也可以变得很简单，你也许就会在不知不觉间沉浸在学习当中了。那还等什么？马上把你的学习目标列出来，但是需要注意以下几点：

- 千万不要一上来就设太过高大上的目标，这样容易吓退自己。
- 把目标一级一级地进行细分，最后分解成非常容易实现的小目标。
- 每完成一个小目标就对自己进行一次自向的激励。

Step 3 耐下性子去做自己该做的事

万事开头难，但如果不开始去做，那任何事都不会有完成的可能。所以，我们一定不要找任何借口去拖延。无论结果如何，我们先耐下性子去做自己该做的事，只要行动起来，接下来只要坚持做下去就可以了。很多时候，家长管我们是由于我们总是磨蹭和拖延，如果家长看到我们不用催促就自觉行动起来，一定刮目相看！

小情绪出口

亲爱的妈妈：

您好！

今天我冲您发了脾气，看到您伤心的哭了，我心里也很难过。我承认，自己当时没有控制住自己的脾气，当时说话的态度太强硬了。其实我并不想惹您伤心，原本只是想和您说一下心里的感受，但是当时没有控制好脾气。现在我静下心来和您说一说心里的想法吧。

其实我知道，很多时候您管我都是出自您对我的关心和爱护。可是您有没有考虑过，你们大人一方面抱怨我们自理能力差，一方面又不放手让我们自己安排自己的学习和生活，这本身就是很矛盾的呀！不过，我也很清楚，自己平时缺乏自律，虽然心里很清楚地知道自己应该做什么，不应该做什么，可是却总是管不住自己，所以很多时候确实也需要你和爸爸来提醒我、帮助我。

您是不是觉得我上面说的自相矛盾，我也觉得自己有点儿矛盾。其实我想说的是，随着年龄的增长，我自我管理的能力也会提升，你们要学会慢慢放手，让我慢慢地学会为自己的事情负责。你们要相信你们的女儿会逐渐变得自觉、自律，我一定会好好长大。

妈妈辛苦了！

爱你的女儿：锐锐

xx 年 xx 月 xx 日

聊点儿心理吧

瓜子效应

人们在休闲看剧或聊天的时候，经常会选择瓜子等零食来消磨时间。可是，吃瓜子只要开始吃第一颗，就会一颗一颗地继续吃下去，即使自己原本只想吃一颗，最后的结果往往是不吃到最后一颗根本就停不下来。

如果我们换一种方式吃瓜子结果会怎样呢？我们先嗑开瓜子，坚持嗑一个小时以后再把之前嗑好的瓜子全部吃完。试过几次，我们会发现，最初可能还觉得挺有意思，但时间长了我们就不想继续进行了。实验证明，人们还是更沉迷于第一种嗑瓜子的方式。

心理学家认为，一颗一颗地吃瓜子，其实反映的是人们的行为能及时得到积极反馈后就会继续下去的现象。如果人们的行为需要坚持较长时间才能得到积极的反馈，无法在短期内见到效果，那人们就很难坚持下去。比如，我们明知道学习、运动是有益于我们的事情，而玩游戏、看电视常常会让我们在不知不觉间浪费很多时间，可是往往只要一开始玩游戏、看电视就停不下来，可是一到做题、背单词、阅读、做运动就很难坚持下去。

所以，我们平时既要合理约束自己，也要学会对学习和运动等重要的事情进行合理的目标细分——让自己能够及时感到付出努力后获得的成就感，这样我们才能更好地坚持去做正确的事。

用什么来打败噩梦怪

情绪讨论间

周多多→我昨晚做了一个超级可怕的噩梦。我梦到有一个大火怪四处作恶，学校、家里，甚至是周围的街道都被大火怪烧成了一片火海，真吓人！我觉得自己逃到哪里都摆脱不了大火怪。

田可乐←你是不是《西游记》和《聊斋》看得太多了，我教你一个办法——你可以把自己想象成打败各路妖精的孙悟空。

任小锐→这个办法好，我家里还有一根我小时候用的玩具金箍棒呢，明天带给你吧，哈哈！

周多多：唉，我最近经常做噩梦，有时半夜醒来都害怕得睡不着。

董小朵：怪不得你最近白天都没什么精神，你为什么会做这种梦呢？弄清楚原因才能从根本上解决问题。

阳光聊天室

周多多情绪说

最近不知道怎么回事，我经常梦见有一些可怕的灾难发生，而且我无论怎么躲都躲不开，常常从噩梦中惊醒，吓得都不敢继续睡了，甚至有时候在上床睡觉之前我都在祈祷自己千万不要再做噩梦了。可是一点儿用都没有，越是害怕，就越容易做噩梦。

有没有人和我一样经常被噩梦困扰呢？你们又是怎么解决这个问题的呢？

阳光博士说

做梦是很正常的，每个人都会做梦，可是如果经常做噩梦那就有问题了。从心理学的角度来讲，梦境其实是通往人们潜意识大门的钥匙，经常做噩梦可以反映出人们内在的焦虑和恐惧等。

小朋友们做噩梦的原因有很多，多多以及其他身受噩梦困扰的同学可以结合具体原因去寻找打败噩梦的办法。比如：

Step 1 感到压力太大时，向他人寻求帮助

在大人眼中，小朋友们是无忧无虑的，其实小朋友们常常也会感到压力，有时感到压力太大自己难以承受时，可能就会在梦境中有所反映。而且每个人承受压力的程度都是不同的，有一些压力在别人看来不值一提，但在有些人心里却重如泰山。所以，如果同学们在感到压力太大时，不妨向他人寻求帮助，比如同学、老师、家人、朋友，或者心理医生。

一些同学认为，他人无法理解自己的压力，更不可能帮助自己减轻压力。其实，很多时候，别人并不知道你承受了怎样的压力，当你将自己内心的压力告诉别人时，别人才有可能理解你、帮助你。只有先说出来，你才会得到别人的理解和帮助。正所谓“一人拾柴火不旺，众人拾柴火焰高”，要相信大家的力量。

Step 2 受到一些事物的刺激时，尽可能地远离

有时我们也会因为受到一些事物的刺激而做噩梦，比如，临睡前看了恐怖的电视、听了吓人的故事，或者最近看到了一些让自己觉得恐惧的事情，等等。当感知到自己有可能是因为受到这些事物的刺激而频繁做噩梦时，我们就要尽可能地远离这些刺激，或者寻找一些更能让我们情绪放松和平静的事物来转移注意力。具体做法如下：

- 睡前听舒缓的轻音乐；
- 多看对自己有积极影响的图书或影像；
- 白天适当进行户外活动。

Step 3 发现噩梦缘由时，探求其事物本质

很多噩梦源自内在的恐惧情绪，而恐惧情绪的来源则五花八门，但大多数恐惧情绪其实都来自我们未知的事物。就像在远古时期，人们恐惧刮风、下雨、打雷、闪电、流星等未知的事物，而当了解了这些事物的本质后，人们才知道这不过是一些正常的自然现象。

很多时候，当了解了事物的本质之后，我们便会知道一些现象的发生是很正常的，如此一来就不会感到紧张和惶恐了。比如，当害怕昆虫的人了解了昆虫的身体结构和习性时，他们就会理解一些昆虫的形态和行为了；又如，当了解了恐怖影视剧的拍摄过程和方法时，我们就会恍然大悟，原来那些可怕的镜头只不过是运用了一些特殊的道具和科技手段。

小情绪出口

××年××月××日　星期三　　　晴

当从噩梦中惊醒的时候，我真的很害怕，而且不知道该怎么摆脱噩梦。我问周围的人，他们说有时也会做噩梦，但是不会像我一样频繁做噩梦，而且别人梦醒之后就不会再害怕了。而我却常常在醒来以后还觉得害怕，担心那个可怕的噩梦怪会突然出来，也担心睡着以后会继续被噩梦吓醒。

我承认，从小我就是一些人口中的“胆小鬼”，爸爸总说让我勇敢一点儿，其实我也很想变成一个勇敢的人。可是不知道为什么，我经常会把一些东西想象得很可怕，妈妈说我这是自己吓自己。

可是，我真的不想这样。我想变得坚强、勇敢，能做到吗？

聊点儿心理吧

标签效应

当被贴上一种标签时，一个人无形中会做出自我印象管理，使自己的行为与所贴标签的内容相一致。标签具有定性导向作用，是一种心理暗示。在每一个人的成长过程中，可能都会或多或少地受到标签效应的影响。

比如，有些成年人会给孩子贴上“不听话”的标签，那么只要孩子做一些与他们想法不一致的行为时，这些成年人就觉得孩子确确实实“不听话”，久而久之，经常受到这种心理暗示的孩子，也会觉得自己“不听话”，认为自己的行为不符合别人的期待，最终这些孩子的心理可能就会越来越叛逆。这就是标签效应在教育中的负面影响。

但是这种心理学效应也有积极的影响，如当一个孩子如果总是受到积极的心理暗示，那么这个孩子就会在心里对自己产生积极的自我认知，其心理和行为也会更加趋向积极的、正向的一面。不信的话，我们可以看一看那些正向行为经常受到鼓励的孩子，他们往往比那些经常受到批评的孩子更加自信、积极和勇敢。

我们也可以利用这一心理学特点去对自己进行积极的心理暗示。拿周多多来举例，当别人说你是“胆小鬼”时，你不要被这种称呼限定自己的心理和行为；相反，你要确立一种信心——我可以用自己的知识和能量来战胜恐惧，之后再通过自己积极的行动去克服恐惧。

总之，我们要相信自己，我们的身体和思想拥有让人意想不到的能量，许多让人恐惧的事物之所以让人觉得恐惧，是因为我们还不够了解它们，如果我们知道它们的本质，就会发现它们其实并没有什么可怕的。即使我们暂时无法靠自己克服恐惧，还可以向周围的人求助，很多人都可以为我们提供帮助。

所以，让我们一起化身打败噩梦怪的勇士吧，大家一起来，噩梦快走开！

第5章

自我接纳课

我的优点我知道

被人冤枉的感觉真的很糟糕

情绪讨论间

周多多：前天我弟弟打碎了杯子，我急忙从他手里把玻璃碎片拿出来，结果弟弟就哭了。没想到，妈妈非说是我把弟弟骂哭了，我觉得伤心极了。

任小锐：怎么听上去你就像个可怜的受气包一样，你妈妈有点儿过分了。

周多多：我原本是好意，怕弟弟被玻璃割破手，谁知道妈妈居然会不分青红皂白地冤枉我。

董小朵：你事后向你妈妈说明情况了吗？

周多多：我什么都不想和她说，但我心里真得觉得很委屈。

田可乐：我猜你这个闷嘴葫芦就会这样做，把我的扩

音喇叭借给你，一定要把事情经过和你妈妈说清楚。

阳光聊天室

周多多情绪说

有人尝试过被人冤枉的滋味吗？小时候，奶奶常常给我讲《窦娥冤》的故事，我觉得我就和那个被冤枉的窦娥一样，明明是在帮弟弟，要不是我及时从弟弟手里拿出玻璃碎片，他很有可能就会扎破手。我觉得妈妈简直毫不讲理，什么都不问就断定是我骂了弟弟。我真的非常生气，非常非常生气！

我现在一看到妈妈就想到她冤枉我的事情。我已经连着三天不理妈妈了，妈妈问我为什么不理她。我也不想告诉她，我觉得这种事还要我说吗？难道她还没有意识到自己的错误吗？我决定，妈妈什么时候向我承认错误，我就什么时候原谅她；如果她不承认错误，我就永远不原谅她。呜呜，可是，一想到永远不和妈妈说话，我又觉得很伤心，怎么办呢？

阳光博士说

小朋友们在成长过程中似乎都会遇到被成年人冤枉的情形，有些小朋友曾像多多一样被妈妈冤枉，有些小朋友在学校里也曾被老师冤枉……那种被冤枉的感觉简直糟糕透了，有时会感觉有嘴说不清，有时又觉得大人怎么那么顽固，以致于什么都不想和他们说。

以上说的这些情形，其实犯错主体都是大人，而且犯的这些错都是因为他们没有认真弄清楚事实造成的。如果他们多问问、多听听、多看看，这些错误是完全可以避免的。更重要的是，大人犯的这些错，给孩子们造成的很深的伤害，因为这些大人都是孩子们平时十分信赖的人。

不过，话又说回来，孰能无错，无论是大人还是小孩，每个人都会犯错。当别人冤枉我们时，你该怎么办呢？闷声不说话，独自吞下委屈的泪水，期待别人主动认识和反省自己的错误吗？如果别人一直没有认识到自己的错误呢？你这种委屈的情绪很难得到纾解，也许还会为你和别人之间制造一种隔阂呢！

那该怎么办？当然要据理力争，说明原委，让别人意识到你并没有做错，而真正做错的是冤枉你的他们。以下做法可供大家参考。

Step 1 选择合适的时机

被冤枉时，你可根据实际情况选择合适的时机来说明事实，具体如下表所示：

具体情况	合适时机
当在家中被家人冤枉时	当时说明原委，以免造成进一步的误会和伤害。
在学校被老师冤枉，或类似情形	找好证人证据之后，去向老师说明情况。
在一些可能会给自己带来更大伤害的场合	先不要去辩解，等能够保护你的父母家人或警察等到场之后再进行说明。

Step 2 用合适的方式

被冤枉时，我们会生气、会委屈，但一定不要失去理性，要始终记住：我们的目的是说明事实，而不是攻击别人。具体做法如下表所示：

说明事实的方式	攻击别人的方式
弟弟打碎了杯子，我把玻璃碎片从弟弟手里拿出来了，弟弟是被破碎声吓哭的。	妈妈你不问清楚就骂我，真讨厌，我再也不想理你了。
自习课上我没有和别人聊天，我刚才是告诉同桌数学作业是什么。	老师总爱冤枉人，上次你就错怪我拿了同学的铅笔。
我没有拿别人的东西，你们可以查看监控。	我不是小偷，你们才是小偷、坏蛋！

Step 3 远离故意冤枉你的人

有一些人出于一些特定的目的可能会故意冤枉你，比如，为了掩饰他们自身的错误，或者为了排挤你，甚至故意伤害你。对于这类人，我们要尽量远离，避免过多接触。如果暂时做不到远离他们，那就无视他们，把注意力放在自己身上，努力提升自己，让自己变强大，让他们知道他们的行为根本就伤不到你。

小情绪出口

写给妈妈的信

亲爱的妈妈：

这几天我不想和你说话，是因为你前天冤枉了我，我根本就没有骂弟弟。妈妈冤枉了我，让我觉得很委屈，我希望妈妈以后要先了解事实再做出判断，而且我还希望妈妈能认真地了解事情发展的经过，并向我道歉，听听我的心里话。

永远爱你的儿子：多多

××年××月××日

聊点儿心理吧

习得性无助

美国心理学家塞利格曼在20世纪60年代提出这一理论：个体经历失败后，面临不可控的情境形成了无论怎样努力也无法改变事情结果的不可控认知，导致放弃努力的一种心理状态。

这一心理学效应反映的是人们在面临失败或挫折时的一种消极心态。我们在日常生活和学习中要尽可能地正确对待失败和挫折，任何时候都不要放弃希望。

当被人冤枉时，我们在心里可能会感觉无助，认为别人都不相信自己，自己说什么、做什么都是没用的。其实事情往往并不像我们想象得那么悲观。大多数时候，我们是可以通过合理的方式来说明情况的。

当然了，对于小朋友来说，也有一些我们自己可能无法控制的情况发生，这时我们要懂得向周围的人求助，千万不要任由别人来误解你，甚至随意诋毁和伤害你。

总之，被人冤枉以后，我们一定不要消极放弃，要采取合适的、巧妙的方式来说明事实。即使当时自己无法做到这些，也不要绝望，可以向其他人寻求帮助，一定会有相信我们的人。

互相成就，与优秀的人共同进步

情绪讨论间

董小朵→我不想参加学校组织的轮滑社，可老师和妈妈都让我参加。我觉得一个人练挺好的，那么多人在一起练多乱呀。

田可乐→你怎么和我正好相反，我就喜欢人多热闹，可惜我的轮滑技术不好，进不了学校的轮滑社。

任小锐→你是不是怕轮滑社里的高手把你给比下去呀？平时你总是常胜将军，这下你也可以尝尝成为别人手下败将的滋味了！

周多多→小朵确实很厉害，不过我觉得和那些高手互相学习的话应该会进步得更快。

阳光聊天室

董小朵情绪说

我一开始确实想自己独自练习能更专心，后来听到任小锐的话以后我又在想，自己是不是真的在潜意识里有逃避竞争的想法。虽然任小锐说的是玩笑话，不过我承认，自己的性格有些骄傲，如果看到有人比我更优秀，我就会不高兴。但也正因为如此，通常看到周围有人比我更优秀时，我就会暗自努力，想办法超过对方。这一次不知怎么了，也许是轮滑社中的高手太多、太强，我自知超不过他们，所以才不想加入。可是，这样的心理，真的很不好，我该怎么办呢？

阳光博士说

董小朵一向很要强，而且各方面确实一直表现得都很好。今天能对自己进行这样的剖析，真的很难得。实际上，很多同学都和董小朵一样很有进取心和好胜心，总是希望自己不断进步，并渴望自己表现出色。

同学们有这样的心理是好事，不要觉得这样的心理不好。不过，如果是因为这样的心理而逃避与更优秀的人在一起，那就要认真想一想，这样难道不是自相矛盾吗？因为与优秀的人在一起，我们会进步得更快、变得更强。这实际上是一种迅速提升自己的好机会，这样的机会摆在面前当然要牢牢把握了。为什么这么说呢？原因如下：

Step 1 近朱者赤，近墨者黑

“近朱者赤，近墨者黑”的道理同学们都懂，和优秀的人在一起，我们可以从他们那里受到更多好习惯的影响，也可以向他们学习以便取长补短。俗话说，和什么样的人在一起，你就有可能变成什么样。和优秀的人在一起，通过自己的努力和彼此的影响，我们就有机会变得更加优秀。

Step 2 优秀的同伴会给我们提供巨大的支持

很多事情仅靠一个人的努力是远远不够的，而一群能力卓越的同伴和我们在一起，一定会在我们需要时给我们提供巨大的支持，这种支持的力量对我们来说至关重要。

Step 3 会吸引更多优秀者到我们身边

俗话说“物以类聚，人以群分”，经常与优秀的人在一起，不但可以使自己变得更加优秀，而且还可以吸引更多优秀的人来到我们身

边。因为人们总是趋向于和自己同样水平和品质的人在一起。这样就会形成良性循环。我们身边会不断围绕更多更优秀的人，我们自己也会不断进步。

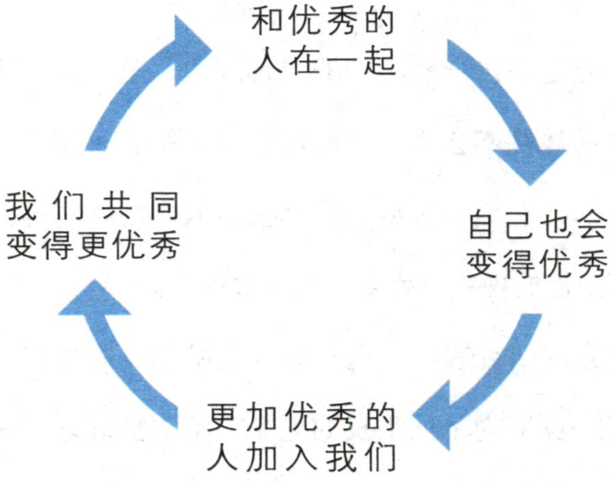

小情绪出口

写给自己的箴言

第一条：要想让自己变得优秀，就要和优秀的人在一起，不必害怕被他们比过去，而要努力去学他们的优势和长处。

第二条：身边人的水平和高度，往往会决定我们自己的水平和高度。

第三条：与优秀的人在一起，我们会更有动力去追求个人的进步，遇到难题自己无法解决时，也会有非常强大的后盾来支持我们。

聊点儿心理吧

共生效应

共生效应是来自自然界中的一种现象：当一株植物单独生长时，它的长势往往不会太好，既矮小又干枯。可是当一些同类植物一起生长时，它们会长得十分旺盛。人们把植物界中这种互相影响、互相促进的现象，称为“共生效应”。

植物学家的研究表明，当众多同类植物一起生长时，它们之所以会比每一株植物单独生长的生命力都更加旺盛，这是因为同类植物之间会抱团汲取土地中的水分和养分，这可以帮助他们更大程度地抵御生长过程中的种种不确定因素。

《塔木德》中有这样一句话："和狼生活在一起，你只能学会狼叫；和优秀的人在一起，你也会变得优秀"。在实际生活中，由于经常在一起的人会互相学习、互相影响、互相启发，所以经常与优秀的人在一起，我们也会受到良好的影响。反过来也一样，当自己变得更加强大和优秀时，我们也会吸引更多同样优秀的人和我们一起进步和成长。

中国也有一句俗话叫作"独木不成林，一人不为众"。一个人的力量即使再强大也是十分有限的，如果我们与优秀的人团结在一起，那在众人的帮助下，我们可以做出更大的成就，而且每一个人的价值也会充分显现出来。

被人讨厌也不怕，就要坚持做自己

情绪讨论间

任小锐→我好难呀！

你雷厉风行的，谁能比你更潇洒。←田可乐

任小锐→你不知道，我这个脾气。经常得罪人，有很多人都不喜欢我。

不能啊，我挺喜欢你的。再说了，你这脾气才好相处呀，吵闹完就没事了，我可不喜欢记仇的人。←田可乐

任小锐→就拿今天早上来说，小A我俩本来关系挺好，就

因为他抄我作业，我说了他几句，他就跟我生气了。

董小朵→我们每个人都有自己的立场，不应该轻易放弃自己的立场，我们没有必要讨好别人。

是呀是呀，抄作业本来就不对，你不用放在心上的。←周多多

任小锐→听你们这么说，我心里好受多了。

阳光聊天室

任小锐情绪说

阳光博士，我是一个直来直去的人。因此，我说话经常得罪人。今天早上因为我没让小A抄我的作业，他很生气。因此，我心情也不好，难道我应该让他抄作业吗？我这也是为了他好呀。可是他就是不理解我，还跟我生气。我该怎么做呢？难道以后为了不让别人生气，我就可以做违背自己心意的事情吗？

阳光博士说

小锐，你做得没错。如果你把作业给他抄，会让他越来越懒惰，以后会

习惯不劳而获，这对于小A的人生也是一种错误。你能坚持自己的原则我很欣慰。

在社会中，我们每天都要与他人打交道，而每个人的立场、性格都不一样，如果因为怕得罪人而讨好别人，不仅会让自己比较累，还得不到健康的人际关系，甚至还会因此影响正常的社会秩序。

我们坚持自己的立场和原则，并不意味着就没有好的人际关系，反而还会获得真正的友谊。我也能理解你现在的心情，你因为没给别人抄作业被别人讨厌而委屈。对于这件事给你带来的困惑，你可以换一种心态去看待，调整心情，积极跟同学沟通。

针对你提出的问题，阳光博士建议：

Step 1 学会拒绝

对于别人的请求或者要求，我们要学会拒绝。学会拒绝不意味着就是伤害别人，也不意味着冷酷无情。首先委婉地拒绝，可以让对方

明白你的意图并理解你。可以说：对不起，这件事我做不了，因为……。这样对方就可以理解我们的困难，同时也不会给自己带来困扰。

Step 2 树立正确的价值观

树立自己正确的价值观，坚持自己的原则，可以通过沟通跟身边的朋友、同学分享彼此的价值观，当大家熟悉彼此的价值观，也自然不会轻易要求我们做违背自己价值观的事情。如果别人违背，我们也可以坚持自己的原则，明确告诉他这件事跟自己的价值观不符。

Step 3 寻找同频的倾诉对象

物以类聚，人以群分。价值观不同自然没办法融洽地相处，会产生很多摩擦，甚至彼此讨厌。我们身边的朋友也一定是跟自己价值观相同的，如果遇到被人讨厌的情况，可以跟自己的朋友倾诉，得到朋友的理解与支持。

小情绪出口

我的倾诉卡片—— 任小锐

今天被讨厌了，小A因为我没有给他抄作业而生气。说实话，当时我心里也挺生气的，怎么抄作业还有理啦？我想不通自己错在哪里了。

回过头想想，我没有错，给他抄作业不仅会害了他，还会违背我的原则。我是有自己清晰的价值观的，我的价值观是正直、诚实、做自己。如果我把作业给他抄就是帮着他撒谎，可能短时间内他会感谢我，但是当我们都长大，步入社会，我想他一定会恨我，就是因为我的纵容让他不再勤奋学习。

以后我也不会为了迎合别人、讨好别人而违背自己的原则和价值观，我一定要成为一个正直的人，光明磊落，做事才没有后顾之忧。我可不想每天活在担心受怕中，明天需要圆今天撒的谎，那样可就太累了。

好了，任小锐，你是最棒的！坚持做自己！耶！

聊点心理吧

一致性原理

一致性原理，指人们说什么，则变现出相应行为的可能性会更高，简言之就是人的言行有趋于一致的倾向。每个人都有自己的价值观和原则，为了不做与自己原则相悖的事，我们要跟身边朋友或同学事先表达自己的原则，这样他们也不会轻易让我们做违反自己原则的事情。

文中小A要抄写任小锐的作业，如果任小锐同意小A抄写作业，那么就违反了自己的原则，也与她平时的言行不一致。即使当时小A因为任小锐的拒绝而生气，日后也理解，但是如果任小锐违背原则给小A抄作业，日后很可能会做出更多违背原则的事情。

在日常生活中，当别人对我们提出一些不合理的要求时，我们应该像任小锐一样，衡量要求的合理性，适当拒绝。如果别人因此而生气或者讨厌我们，也不要为此感到烦恼。我们没必要打破原则去取悦别人，要做正确的自己，坚持自己的原则。

别人要是都来嘲笑我，那可怎么办

情绪讨论间

董小朵→我和妹妹去公园玩，妹妹非要到“鬼屋”去玩。我心里其实很害怕，可是又怕妹妹嘲笑我是胆小鬼，就硬撑着进去了。没想到里面真可怕，我这几天一闭眼睛满脑子都是那些恐怖的情景。

我也特别怕，所以从来没进去过。←周多多

任小锐→比起这个，我更怕玻璃栈道。

田可乐：哈哈！你们说的这些我都不怕，我只害怕老鼠。

董小朵：原来每个人都有害怕的事，只不过不同的人害怕的东西各不相同而已。

周多多：以前我也以为自己胆小很丢人，看来大家都一样，那我们以后就不用硬着头皮硬装着不怕的样子了。

董小朵：唉，如果早知道这个道理，我就不用硬装作勇敢去陪妹妹玩儿了。

阳光聊天室

董小朵情绪说

平常，老师和家长总夸我是个“好孩子”，有时候同学和小伙伴们也会笑称我就是个“别人家的孩子”。其实我知道自己也有很多缺点，可是每当想到别人平时对我的表扬，我就不敢暴露自己身上的缺点，甚至很多时候都会不由自主地通过一些行为来掩饰自己身上的缺点，努力为自己立一个“好孩子”的人设。

这样说，不知道别人会不会觉得我很“装”。其实我并不是故意想要欺骗别人，只是担心别人会对自己失望，害

怕别人嘲笑我的缺点。可是我一点儿也不想活得这么累。就像之前，我由于害怕妹妹取笑而硬撑着去“鬼屋”，明明心里怕得要死却非要硬着头皮说自己不怕，我真的不想再这样下去了。我也想轻轻松松地说出自己有时也会害怕，有时也会上课听不懂，做错题时也会懊恼，摔疼时也会哭泣……

阳光博士说

生活中像董小朵一样的孩子其实有很多，他们十分在意别人的看法，就像董小朵自己说的那样，有时为了维护自己的“人设”甚至不敢承认自己的缺点。其实，不只是孩子，很多大人也有这样的心理，这些人往往以为自己是所有情境的焦点，觉得周围的人会十分关注自己的一言一行，于是便过于在意别人对自己的看法。久而久之，别人的看法就会像一个重重的包袱压在自己身上，让自己觉得很辛苦。

如果你经常面对这样的心理困境，那么换一种思维去思考就会发现，很多所谓的包袱其实都是自己加上去的。好，现在你来说一下，今天同学甲穿的上衣上面有什么图案？同学乙体育课上每分钟跳了多少下绳？同学丙读课文时读错了几个字……你是不是发现，这些问题你怎么一点儿印象也没有。你可能会说，我怎么会注意别人这么多事情！重点来了——别人当然也不会注意你那么多事情！

可是，有些同学说，道理我明白，可是具体怎么才能做到呢？试试以下做法吧。

Step 1 做事有自己的标准，不要四处寻求他人意见

说话做事，我们心里要确定基本的准则，有了合理的标准后，按照自己的标准去要求自己。千万不要四处寻求他人的意见，一千个人眼中有一千个哈姆雷特，每个人做事的标准都是不同的，四处寻找他人意见的结果往往就是没有标准。记住：只要合理合法，就按自己的标准去大胆尝试，无论结果怎样，这个过程本身就是很好的收获。

Step 2 尽全力做好自己的事，不去听周围人的议论

经过认真思考，你已经认定应该去做一件事，而且通过自己的努力可以把它做好，那你就全力以赴地去做。在你做事的过程中，即使周围有一些人会议论也不必太过在意，更不要停下来去听，正如王尔德所说的“我只相信我自己的判断，我不管别人怎么说”。

Step 3 对别人的恶意评价，勇敢地说“不”

虽然大多数人不会太过在意别人的一言一行，但世界之大，无奇不有，生活中有时就会有一些人专门喜欢对别人品头论足，甚至常常恶意评价。对于这类人，我们要勇敢地说“不”，巧妙地把他们怼回去。如果你不知道怎么怼，可以学学这些简单又好用的说法。

- 我只做我该做的，你喜欢什么可以自己去做。
- 每个人都有缺点，你也一样。
- 你又不是我，当然不会懂我的感受。
- 你觉得我很笨（傻、爱哭、小气、胆小……），其实这跟你一点儿关系都没有。
- 我是很害怕，可我能承认这一点，起码就很勇敢。

小情绪出口

××年××月××日　星期日　晴

我终于知道为什么妈妈以前总让我“放下包袱，轻装上阵”的意思了。以前，我心里总认为别人会时刻关注我，尤其是注意我的缺点和不足，这些其实就是我的“思想包袱”，每时每刻都背着这些包袱学习和生活，当然会觉得累。

今天敞开心扉和同学们讨论过才知道，其实就像每个人都有害怕的东西一样，每个人都有自己的缺点和不足。我们不可能活成人人称赞的“完人”，我们也不必太过在意别人怎么看我们，甚至别人其实根本就没有时间和精力去关注我们。所以，很多包袱都是自己加到自己身上的。以后，我会认真考虑阳光博士的建议，轻松做自己。

聊点儿心理吧

聚光灯效应

聚光灯效应是指人们常常会高估别人对自己外表和行为的关注度，而事实上其实根本没那么多人关注你。所以，我们不要过于关注自我，不要过分在意别人对我们的看法，放轻松一些。

一位著名的演员曾经在一次节目中说起这样一件事。

当我还是一个小孩子的时候，我们一大家人经常会围在一起吃饭。有一次，我突然想和大家开一个玩笑，想看看大家担心我的表情。于是，在开饭前，我故意把自己藏了起来，我就藏在餐厅角落的一个柜子里。我在藏的时候一直在想象，当大家发现我

不见了，我突然从柜子里跳出来，所有人的脸上一定会闪现出震惊的神色。

可让我无比失望的是，一直等到那餐饭吃完，餐桌上都没有一个人意识到我不在。于是，我只好等到所有人都吃完饭离开餐厅后，才从柜子里出来，吃一些大家吃剩的东西。

从那以后，我就告诉自己，一定不要把自己看得太重要，其实周围根本没有太多人关注我们。

每个人的心中大概都有一个聚光灯效应，认为自己的一言一行都会受人关注，过分在意别人对我们的关注。比如，你走在路上摔了一跤，就会觉得周围所有人都会注意你，甚至嘲笑你；你有一次考试考砸了，就会觉得老师和同学都会瞧不起你，会在背后议论你；你不敢去“鬼屋”，不敢玩“蹦极”和“过山车”，就会觉着别人肯定嘲笑你是胆小鬼……

放轻松一点儿，别人不会十分在意你，即使有人偶尔看到了你不想让人看到的一面，他们也不可能把这些事放到心里。其实最在意这些事的往往是你自己，我们只有不过分在意自己，不过分在意别人怎么看自己，才能更轻松、更专注地做好自己。